[美] L. 大卫·马凯特（L. David Marquet）著
袁品涵 译

授　权
如何激发全员领导力

Turn the Ship Around

A True Story of Turning Followers into Leaders

中信出版集团｜北京

图书在版编目（CIP）数据

授权：如何激发全员领导力/（美）L.大卫·马凯特著；袁品涵译.-- 北京：中信出版社，2019.6（2024.5重印）

书名原文：Turn the Ship Around

ISBN 978-7-5217-0602-4

Ⅰ.①授… Ⅱ.①L…②袁… Ⅲ.①企业管理 Ⅳ.①F272

中国版本图书馆 CIP 数据核字（2019）第 093410 号

Turn the Ship Around! by L. David Marquet
Copyright © Louis David Marquet, 2012
All rights reserved including the right of reproduction in whole or in part in any form.
This edition published by arrangement with Portfolio, an imprint of Penguin Publishing Group, a division of Penguin Random House LLC.
Simplified Chinese Translation copyright © 2019 by CITIC PRESS CORPORATION

本书仅限中国大陆地区发行销售

授权——如何激发全员领导力

著　　者：［美］L.大卫·马凯特
译　　者：袁品涵
出版发行：中信出版集团股份有限公司
　　　　　（北京市朝阳区东三环北路 27 号嘉铭中心　邮编　100020）
承　印　者：河北鹏润印刷有限公司

开　　本：880mm×1230mm　1/32　印　张：9.5　字　数：220千字
版　　次：2019年6月第1版　印　次：2024年5月第20次印刷
京权图字：01–2018–9022
书　　号：ISBN 978–7–5217–0602–4
定　　价：68.00元

版权所有·侵权必究

如有印刷、装订问题，本公司负责调换。

服务热线：400–600–8099

投稿邮箱：author@citicpub.com

图书评语

马凯特实行的领导模式是我见过最好的领导模式。在这本书中，你将会找到契合你人生道路的一种模式。

——史蒂芬·柯维（Stephen R. Covey），

"影响美国历史进程的25位人物"之一，

《高效能人士的七个习惯》作者

说我是大卫·马凯特的粉丝或许是低调的说法。我是一名成熟的追星族。他是芳华绝代的领导者。他不仅知道如何领导他人，而且明白如何塑造未来的领导者。对于那些想让企业长盛不衰的人来说，他的想法和教诲是弥足珍贵的。

——西蒙·斯涅克（Simon Sinek），

乐观主义者，《超级激励者》作者

为达成一个共同的目标，我们该如何激发每一名团队成员的才智和首创精神？你能在这本书中找到答案。通过引人入胜的故事描写和对于"激发潜力"的深刻认识，大卫·马凯特为军界、商界和教育界的领导者提供了一种强有力的模式，值得一试。

——迈克尔·彼得斯（Michael P.Peters），
圣约翰学院圣塔菲校区校长

我的成就归功于大卫·马凯特。他关于领导力的诸多见解，不仅使"深陷泥淖"的圣塔菲号上的情况得到改善，而且对我退伍后的生活产生了深远的影响。通过宣扬"领导者—领导者"模式的3个支柱（掌控、才能和阐明），我将权力授予团队成员，将决策权安排在最恰当的位置。2010年，我来到"危机重重"的通用电气公司达拉斯分部的发电机维修部。通过实践马凯特的领导力原则，发电机维修部焕然一新，成为通用电气公司组织网络中最好的维修部。我现在负责达拉斯分部蒸汽涡轮维修部的优化工作。

——亚当·麦卡纳利（Adam McAnally），
美国通用电气公司达拉斯分部售后服务中心蒸汽涡轮维修部主管，
圣塔菲号核潜艇前成员

这本优质读物深度聚焦领导力，提供了极富价值的新思路、新见解。没有领导力，任何重要的工作都无法完全落实。通过回顾自己军旅生涯中对领导力的所学、所思和所感，马凯特为您总结制胜之道：抛弃"领导者—追随者"模式，拥抱"领导者—领导者"模式。关键还在于，通过强调担当和责任意识来领导团队，并让被领导者将这种意识上升为一种人生哲学，成为他在所有情境下的处事原则。无论是在商界、政界，还是在生活中，这些原则都将使你受益匪浅。

——**莱斯利·盖博（Leslie H.Gelb），美国对外关系会前主席，诸多企业的董事会成员，《纽约时报》前专栏作家**

对于哈佛大学商学院来说，这本书就像《猎杀"红十月"号》[①]一样，是一个让人"无法放下"的"完美故事"。这本书是探究信息时代领导力发展的登峰造极之作。在这样一个时代，无论是市场占有率的最大化，还是规避客户流失所带来的利润骤减，最大限度地提高组织表现并激发员工自身的智慧资本，变得尤为重要。马凯特的见解是对领导力理论的根本性颠覆。这种新型的领导模式适用于任何行业、可覆盖任何组织。不论你是组织行为或领导力方面的专家、学者，还是爱好者，这本书都会对你的提升自我、优化组织以达成目标的能力具有深远影响。

——**乔·德博诺（Joe DeBono），哈佛大学 MBA（工商管理硕士）智库创始人、主席，美林证券财富经理人**

[①] 美国军事作家汤姆·克兰西（Tom Clancy）的小说作品。——译者注

在《授权》一书中，大卫·马凯特鼓励人们将权力授予团队成员，并让决策权遍布团队的所有阶层。他鼓励领导者释放成员自身的能量、智慧和热情。这本书对传统组织建立"等级森严"的制度的思想理论依据提出了质疑。马凯特主张打破等级制度的"金字塔"，建立"扁平化"的组织，培养未来的领导者而不是追随者。

——老戴尔·威尔逊（Dale R.Wilson, Sr.），工商管理专家，《领导力效能》博客撰稿人、编辑

《授权》讲述了大卫·马凯特在美国海军圣塔菲号核潜艇处于最严峻的环境下对领导力的大胆尝试。他以大无畏的勇气挑战了美国海军长达百年的领导模式。其成果是颠覆性的——短短数月，圣塔菲号全体成员从"最糟糕"变为"最优秀"。在当下的信息时代，人力资源是我们最宝贵的财富，也是21世纪进行抉择的强有力的武器。大卫·马凯特在领导力上的大胆尝试必将被广泛地运用于整个商界。这是经过深思熟虑的领导力原则。

——查理·金（Charlie Kim），Next Jump电子商务公司创始人、首席执行官

领导者和管理者面临着一个复杂化的世界，精确的执行力、团队意识和才能的释放越来越被视为竞争优势。大卫·马凯特利用鲜活的例子和具体的运行机制，为我们绘制了一幅美好的蓝图。每个以"改变世界"为己任的人都需要读读这本书。

——约翰·库珀（John Cooper），景顺集团分销商团队（Invesco Distributors）创始人、首席执行官

"如何调动员工的积极性"是本书着重探讨的问题。大卫·马凯特成功调动了船员们的积极性，使他们在艰难险阻中迸发出惊人的能量。通过满足船员们建功立业的需求——恰当的赞赏、团队归属感、自尊心、支配感和达到特定标准的能力，大卫将领导原则中折射出来的价值观植入船员们的内心。这种领导模式能够激励员工，使管理者与员工共同勾勒蓝图，完成未来目标。对于那些想为员工提供良性精神引领的人们来说，这是必读书籍。

——艾尔·科内茨尼（Al Konetzni），海军中将（已退休），美国太平洋舰队潜艇部队前指挥官

一位指挥官或任何组织的领导者遗留下来的光辉业绩在于，他/她离职后组织的表现如何；那些被培养起来的未来领导者，他们有什么样的原动力，又取得了哪些成功，做出了哪些贡献。通过阅读这本书，你能学会如何塑造积极向上、持久的高水平实干家。

——托马斯·法戈（Thomas Fargo），海军上将（已退休），美国太平洋司令部前指挥官，亨廷顿-英戈尔斯工业公司①（Huntington Ingalls Industries）主席

马凯特令人信服的经历鼓励了我们每个人去设想一个全新的世界。在这个世界里，每个人的才智都能得到充分发挥，以全心全意地应对最棘手的挑战。如果这种设想能在核潜艇上发生，它也可以在其他任何地方发生。这就是《授权》传递给我们的杰出信息。

——利兹·怀斯曼（Liz Wiseman），
《增值型领导者——最杰出的领导者如何让所有人更具智慧》作者

非常荣幸能与马凯特一起共事。从他那里，我领悟到，建立"自下而上""领导者—领导者"模式能创造出被高度授权的员工和高效的团队。无论是在核潜艇里还是在阿富汗的山谷里，这一模式都发挥着至关重要的作用。即便如此，营造"领导

---

① 亨廷顿-英戈尔斯工业公司是美国唯一一家生产美国核动力航母加油机的厂家。——译者注

者—领导者"模式说起来容易，做起来难，因为你必须颠覆所有关于领导力的根深蒂固的思想和理念。

——大卫·亚当斯（Dave Adams）上尉，圣塔菲号武器装备部前部长，圣塔菲号前指挥官，霍斯特省[①]重建部队指挥官

毫不夸张地说，大卫·马凯特受命于危难之际，让一支表现糟糕的潜艇团队焕然一新。他凭借高超的领导力技巧和伟大的人格魅力，不仅使圣塔菲号上的局面得到扭转，而且教导和培养了一大批未来的指挥官和高级技术人员。无论他们未来在哪里服役，这些潜力无限的中坚力量将继续培养出与他们具有同样特质的领导者。马凯特关于领导力的见解适用于军界、商界或学术界所面临的一切有关领导力的挑战。

——马克·肯尼（Mark Kenny），海军少将（已退休），肯可（KENNCOR）首席执行官

---

① 霍斯特省位于阿富汗东南部。——译者注

献给圣塔菲号核潜艇全体官兵

目 录

推荐序 / VII
每个人都能发挥更多的才能和价值

前　言 / XI
人人都是天生的领导者

第一部分　重启

01　失败如何塑造你 / 003
在翻车鱼号上,我感受到了自己所领导的潜艇值日团队所迸发出来的能量、热情和创造力。

02　优化组织的长远未来 / 013
在优化组织的时候,你和团队的眼光是放在本任期内还是更长远的未来?为了促成长远的成功,我不得不忽略聚焦短期的奖赏体系。

03 临危受命的领导者：180 天扭转局面 / 021
你的担当意识有多强？我发现改革计划中最困难的一环就是自己的勇气和毅力。

04 做一名优秀的餐桌谈论者 / 027
你真有好奇心吗？在之前的服役生涯中，我所表现出来的好奇心只不过是质疑，绝非真正的好奇心。

05 自我驱动 / 033
当圣塔菲号每况愈下时，船员们采取了"保持低调"的处世态度。他们做任何事情的动机都是避免犯错，他们只关注达到最低标准而忽略其他更高的目标。

06 "领导者—追随者"模式 / 041
"领导者—追随者"模式的结果：被动的船员；缺乏首创精神；永远在等待别人；在指挥官不在场的情况下，长官们处于"瘫痪"状态。我们需要改变一切。

07 追求卓越 or 避免犯错 / 047
虽然船员们并不十分清楚究竟该如何改变，但是他们是求变的。

第二部分　掌 控

08　微调流程 / 057
在你的组织中，何种方式能够最好地改变决策权体系？我发现，只要你下定决心改变，这个问题将迎刃而解。

09　创新的风险 / 069
行为举止可以开启思维模式，比如"三名原则"——船员需要用3个名字与拜访者打招呼：拜访者的名字、船员自己的名字和潜艇的名字。

10　信任和默契 / 077
在你的组织里，你是否遭遇过"拿一块石头给我"的情境。在这种情境里，对于目标的模糊理解会导致时间的浪费。我们需要改变它。

11　我计划…… / 087
在你的组织中，高级管理者和员工的工作积极性如何？改变我们说话的方式可以显著改善工作积极性。

12　计划先行 / 097
你是否喜欢帮助人们获得正确答案？我曾经如此并且让事情变得更糟糕。

13 监管体系并非都重要 / 107

花精力去优化工作流程本身会使组织更有效率，而花精力去监管工作流程会使组织更没有效率。

14 将想法说出来 / 115

为了在汇报时少犯错误，船员们总是选择尽量少说话，这是潜艇部队的一个通病。而我们要鼓励整支团队说出他们对于未来的看法、想法、怀疑、担心、焦虑和希望。

15 评估体系 / 125

谁是组织的监管者？你怎么最大限度地发挥他们的作用？拥抱外部监管组织能帮助圣塔菲号掌控自己的命运。

第三部分 才能

16 谨慎行事 / 133

就管理组织而言，你是否对"错误恰好发生了"这个理由感到满意呢？我们打破了"错误是不可避免的"这一神话，并提出了一种减少错误的方法。

17 虚心求教 / 143

在任何事情上，伴随着"虚心求教"的内心想法，我对于潜艇检查工作展现出冷静甚至是心甘情愿的态度，这个想法可以维持我内心的平衡并提升洞察力。

18 主动负责 / 153

在一个充斥着简报的组织里，要转变思维模式需要不断努力，但是你可以从简单的转变开始：比如在下一次会议之前，提前布置一些人们需要预先阅读或思考的任务，让他们对这些任务负起责任。

19 强调愿景 / 163
你是否想过这样一种情况：人们说他们理解你谈话的内容，而实际上他们根本就不理解。所以，不间断且前后一致地重复同一个信息很重要。

20 当心流程 / 175
即使是在意外事故下，释放决策权也会产生更好的结果。

第四部分　阐 明

21 晋升计划 / 187
给你的员工确立目标，让他们自己去思考适宜的做法。

22 激励常在 / 199
很多组织在事业初期非常注重激励员工，但是在之后的某个时期就莫名其妙地丢失了。请用你的丰富经历去激励员工，将激励嵌入你的指导原则，将它们用在效率评估报告书和船员的颁奖词中。

23 指导原则 / 205
首创精神、创新、精通的技术知识、勇气、责任与担当、锐意进取、诚信、授权、团队协作、开放、及时，让各阶层充满领导力。

24 即时认可 / 213
当员工获得成就时，你是否在事情过去很久，甚至员工自己都忘记此事的时候才给予认可？我们不能让行政滞后干预对员工成就的认可。

25 完善组织 / 219

国家需要我们提前 11 天被调用，我们可以从容不迫地接受国家的提前调用，因为我们已经在执行提前 3 周完成潜艇的各项准备任务的计划。

26 鼓励质疑 / 227

我的船员并不等待命令，他们只做需要做的事情并通知合适的人，全程都是"领导者—领导者"模式。

27 机制汇总 / 235

我们所形成的领导框架主要由 3 部分组成：掌控、才能与阐明。我们需要让每个人的智能、创造力和能量完全参与进来。

28 释放优于授权 / 243

从本质上看，释放与授权是不一样的。"释放"承认每个人体内与生俱来的天赋、能量和创造力，并且会创造条件促进这些天赋的显现。我们没有权力将这些天赋转嫁给其他人或"授权"其他人使用这些天赋，这样的做法恰恰是在阻止天赋的自然显现。

29 涟漪激荡 / 251

"领导者—领导者"模式的实行还有两个额外的成就。第一，在我离开圣塔菲号后，潜艇依旧保持优异的表现。第二，我们培养未来领导者的数量大幅度超出概率统计。

人物介绍 / 255

致　谢 / 259

词汇表　专业术语、俚语和部队术语 / 261

参考文献 / 271

推荐序
每个人都能发挥更多的才能和价值

有机会登上马凯特船长指挥的圣塔菲号,并零距离观察他的领导模式所产生的影响,我感到非常荣幸。就构建"高授权度,高参与度"的工作氛围而言,我在潜艇上的所见所闻无一不超出我的预期,且对我产生了深远的影响。

我一直在给美国海军军官教授领导力课程。我曾无意间听说,在夏威夷的一艘潜艇上正发生着一些特别的事情。于是当我得知自己有机会登上圣塔菲号时,我欣然接受了,因为我想登上马凯特船长的潜艇一探究竟。说实话,我之前从未见过这样的授权模式。我们站在这艘价值数十亿美元的潜艇舰桥上,潜艇在离毛伊岛(Maui)西北部的拉海纳镇(Lahaina)不远的水面上安静地航行。出发没多久,一名年轻军官向船长走来:"船长,我计划将潜艇下潜至400英尺[①]。"马凯特船长询问了声呐系统和水底深度的相关

[①] 1英尺约为0.3米。——编者注

情况。他告诉年轻军官，再给他和我几分钟时间，然后就执行下潜指令。

一整天，船员们都用"我计划……"的方式与船长沟通。船长只询问一到两个问题，然后以"非常好"来回复。他只对重大决定进行确认，而其余95%的决策是他完全没有参与或确认的。无论我在潜艇的哪个位置——控制室、鱼雷室甚至准备午餐的廊道，我都能看见分散却秩序井然的情景，这是我没有想到的。通过持续不断的信息交流，船员们以极高的参与度完成了本职工作。

不得不承认，眼前的景象完全不是船长下令所产生的。

我问马凯特船长是如何完成这样的神奇转变的，他说，在海军允许的范围内，他希望船员们尽可能多地释放潜能，有时候这可能超出了海军允许的范围。当他告诉我这些时，他顽皮地眨了眨眼。他认为，如果他要求船员们拥抱并试图解决问题，船员们将把自己看作指挥系统中非常重要的一环。他在潜艇中创造了一种特殊的氛围：每个人都认为自己能发挥更多的才智和价值。然而，他的回答仅仅说明了他的终极目标，但并没有告诉我，要达成这一目标，指挥官和其他人应该如何行动。那么创造一个这样的组织，需要哪些因素呢？

答案就在这本书中。

我喜欢此书的地方

首先，这是一个非常棒的故事，讲述了一位即将踏上未卜前路的领导者内心所经历的探索、紧张、不安和孤独难熬的自我怀疑的过程。虽然我们现在知道马凯特船长在圣塔菲号上的实验取得了成功，但就当时的情况而言，无论是他还是支持新模式的勇敢船员，都不清楚改革是否会奏效。

其次，这本书阐述了马凯特和船员们用于潜艇改革的具体机制。通过这本书，我们能看到他们采取了哪些举措、船员们的反应如何，以及每个具体机制随着时间的变化是如何变得完善的。非常好的一点是，这些机制都是人与人之间的相处之道，所以它们具有普遍的适用性。你可以在任何组织中运用这些机制，如政府、企业、学校和家庭。

最后，这本书颠覆了传统观念下的领导模式，并为我们呈现了一种全新的模式。马凯特船长将其称为"领导者—领导者"模式，它与传统的"领导者—追随者"模式完全不同。我认为用两个截然相反的名称来展现它们的不同是一个极好的想法。通过亲眼见证圣塔菲号的运行模式，我所能证实的是，这并不是对传统的运行模式的一种细微修改，而是大刀阔斧地颠覆。这种颠覆性的见解蕴藏着巨大的能量。

为什么你需要阅读此书？

无论你处于组织系统的哪个位置，你都需要阅读此书。

处于领导地位的人能够学到如何释放下属们的热情、才智和能量。领导者不明智的行为和举动可能与目标的达成背道而驰。

处于一线的工作人员能学到用好决策的各种方式，也能使上级更放心地将决策权下放。

我们正处于人类历史进程中深远的转型期之一，人类的首要工作由工业时代的"控制"转为智能时代的"释放"。正如阿尔伯特·爱因斯坦所说："我们不能用制造问题时的同一思维水平来解决问题。"转型所带来的诸多挑战不可能由一个人解决，尤其是居于领导地位的那个人。

世界的美好未来掌握在那些认识到"领导力是授权艺术"的人手上。领导力是一种释放人类才智和潜能的艺术。你也许可以通过支票、职位、权力或胁迫来获取某人的支持，但是才智、激情、忠诚和顽强拼搏的精神只能建立在个人意愿的前提下。世界所面临的诸多重大问题都将被这些热情、释放天性的"志愿者"解决。

我对领导力的理解是这样的：领导力是通过高超的交流技巧，让人们清楚地认识到自身的价值和潜力，并使他们拥有强烈的意愿——希望这些价值和潜力能够从他们内心深处迸发出来。马凯特船长实行的领导模式，是我见过的最好的领导模式。在这本书中，你将会找到契合你人生道路的一种模式。

希望你们旅途顺利！

——史蒂芬·柯维，2012 年春

前　言　人人都是天生的领导者

所有人都备感沮丧。

我们当中的大部分人都带着"倾其所有"的决心开始改革。为了将工作做得更好，我们通常会想出许许多多的好点子。尽管我们愿意奉献自己的才智，但每次得到的答复总是冷冰冰的："这不是你的本职工作""这个想法之前尝试过，没用""我们不应该破坏良好的现状"。首创之举总是伴随着质疑之声。我们的诸多想法总是被忽略，取而代之的是对"遵守常规流程"的深信不疑。我们的工作被压缩为"看方抓药"，我们的创造力被看作是不安分的举动而被束之高阁。久而久之，我们会停止尝试，变得循规蹈矩，浑浑噩噩。我们终将递上辞呈，逃离这样的厄运。通常，这就是我们职场生涯的最终结局。

即使是最有潜力的员工也会经历这种螺旋式向下的进化过程。比如，被一家市值为数十亿美元的通信公司雇用的伊恩（Ian），本应是模范员工，但他初次的工作经历使他心灰意冷，他发誓永远不回去。他现在是一名成功的企业家。当我问他当初为什么毅然决然地离开那家通信公司时，他告诉我："刚入职时，因为每天花两个小时就能完成当天的所有工作，所以我要求负责更多的工作。我是一位勤勤恳恳的年轻人，却没有任何决策权。"他所创立的公司，以细致入微的领导力和极富创造力的产品闻名业界。

辞职后，伊恩找到了更令他满意的方式去利用自己的时间。"没错，随着时间的推移，最初的糟糕体验或许会有所改变，但谁又会将自己的职业生涯——不，是自己的精力——赌在一家墨守成规的知名企业的重大变革上呢？我想追寻自己的梦想，我也是这么做的。"

并非只有你一个人跟早期在职场中的伊恩一样。美国的员工满意度正处于历史最低水平，员工参与度和担当意识同样如此。到2011年11月，9%的失业率已持续了31个月。你可能认为所有员工都对自己的工作感到满意，然而事实并非如此。

员工的懈怠导致生产力的丧失，并因此损失数十亿美元。懒散、不满、毫无担当的员工不仅腐蚀着组织的底座，而且挫败着同事的斗志。在盖洛普（Gallup）调查中，仅因生产力丧失而导致的损失就高达3 000亿美元。我的看法是，如果你看到了丧失工作的快乐所带来的损失，那么丧失生产力所带来的损失则显得更加严重。

同样备感沮丧的还有雇主群体。

如果你是一名雇主，由于员工们缺乏激情和担当意识，那么你想做的事情总会处处受限。你可能试图激励他们使用决策权，却发现他们更倾向于服从命令。虽然许多授权模式都有不错的出发点，却无法持续推进。那些新入职的应届毕业生希望上级"开出药方"，他们只需"按方抓药"。

甚至在最好的公司里，这种情况也屡见不鲜。例如，斯科特·梅什（Scott Mesh）是洛斯尼诺斯公司（Los Nions）的首席执行官，该公司致力于有特殊需求的儿童的教育发展。近年来，洛斯尼诺斯公司多次荣获"纽约最佳雇主"奖。我见过斯科特的一些雇员，他们确实是一支高水平的精英团队。

然而，斯科特也有自己的烦恼："需要我亲力亲为的事情太多了。有些员工会主动做好自己的工作——担当、优化、热爱自己的工作，并取得好结果；有些员工则需要我不时地提醒——可能他们不愿持续跟进自己的工作或另有需求。"

斯科特所遇到的情况并非个例。最近一组调查数据显示：44%的商界领导者对于其员工的表现流露出失望的情绪。

无论是雇主还是雇员的烦恼，根本原因只有一个：我们当下所信奉的领导模式已经过时了。

问题的关键："领导者—追随者"模式

当我在美国海军服役时，我对过时的领导模式有着亲身感受。以下是我在海军军官学校的教科书里所学到的"何谓领导者""何谓领导力"：

领导力是一门艺术、一门科学或一种与生俱来的天赋。领导者拥有至高无上的权力去指导其他人的想法、计划和行动，并通过这种方式获得他人的服从、信任、尊敬和精诚合作。

换句话说，在海军和大多数组织中，领导力就是控制和支配他人。它将世界分成对立的两类人：领导者和追随者。当下，我们所研究、学习和践行的大多数领导力思想都是遵循"领导者—追随者"这样一个大框架。由于这个模式与我们朝夕相处，所以它无处不在、无孔不入。在《伊利亚特》(The Iliad)、《贝奥武夫》(Beowulf)和其他西方史诗巨著中所体现的也是这种模式。

它也出现在关于领导力的一些最受欢迎的小说和电影里，比如，电影《怒海争锋》(Master and Command)。[1]

通过"领导者—追随者"模式，特别是在明察秋毫的领导者的带领下，我们可以完成许多壮举。我们运用此模式完成了农耕技术的普及、埃及金字塔和工业革命时期的工厂建设，为人类创造了巨大的财富。许多雇主因此发家致富，他们的追随者也变得比以前更好。我们曾用"领导者—追随者"模式取得过如此骄人的成绩，而且它非常吸引人，要放弃它也非常艰难。但是，此模式是在人们主要从事体力活动的时代背景下形成的。因此，如果说哪种模式能够

---

[1] 该片讲述了19世纪初，海权争霸，英国海军惊奇号战舰在新任舰长杰克的带领下出海远征，为了光荣与荣誉，在海上与法国和西班牙海军展开殊死搏斗的故事。——译者注

最大限度地攫取人们的体力劳动，非它莫属。

到了现代，我们最重要的工作是心灵认知，所以以体力劳动为目标的传统模式无法成为脑力劳动的最优选择也就不足为奇了。被看作是追随者的人们有着追随者般的期望和行为举止。作为追随者，他们拥有有限的决策权，几乎没有动力去最大限度地释放自己的才智、能量和热情。那些"唯命是从"的人通常是用半速移动，并未充分利用他们的想象力和首创精神。虽然这些问题对于驾驶三层划桨战船无伤大雅，但对于核潜艇的运行来说，这些问题足以毁掉一切。

这是"领导者—追随者"模式公认的一个局限性。

根据我们被教授的知识，"授权"可以解决这个问题。

许多授权计划存在的问题是它们所传达的信息和所采取的方法存在内部矛盾。虽然它们所传达的信息是"授权"，但所采取的措施是"由我来授予你权力"。从根本上看，这实际上是剥夺了员工的权力，淹没了信息中着重传达的内容。

除此之外，在"领导者—追随者"模式中，组织的表现与领导者的能力联系紧密。因此，建立以"人格品性"为导向的领导力自然成为趋势。只有短期成就获得关注和赞赏，追随者才会向领导者的"人格品性"靠拢。如果领导者总是试图"事事亲力亲为"并依靠自身"人格品性"，他们一旦缺席，将会给组织的表现带来巨大影响。从领导者的心理来看，他们会将此看作是一种自我成就，极具诱惑力；从追随者的心理来看，这是一种削弱集体智慧的做法。追随者学会了让领导者做所有决定，而不是充分参与到工作流程中去帮助提升组织的运转效率。

解决方案:"领导者—领导者"模式

从本质上看,"领导者—领导者"模式与"领导者—追随者"模式是迥然不同的。前者的核心思想是:我们每个人都能成为领导者。事实上,当所有人都成为领导者时,我们才能处于最佳状态。领导力并不是一种神秘莫测的才能,也不是某些人注定拥有而另一些人无从获得的才能。作为人类,我们都是天生的领导者。我们需要将自身的领导力运用到职场的方方面面。

"领导力—领导力"模式不仅能使组织效率和人员士气获得提升,而且能使组织更加强大。最重要的是,这些提升是持续性的,与领导者的"人性品格"并无直接关系。这种模式具有强大的适应能力,不完全依赖于领导者的一贯正确性。除此之外,越来越多的未来领导者将会从这个模式中自然而然地脱颖而出,它拥有一股无法阻挡的力量。

失败乃成功之母

我的第一份工作是翻车鱼号核潜艇[①](USS Sunfish,SSN–649)的下级军官。从技术层面上看,我对于这艘潜艇的所有系统了如指掌,包括核反应堆的具体运行细节。一路走来,我一直都是一个"敏而好学,不耻下问"的学生。我以核动力学院和潜艇军官基础

---

① 鲟鱼级攻击型潜艇。——译者注

课第一名的成绩顺利毕业。在这些高级课程和海军军官学校的训练中，我确实学到了关于潜艇和领导力的诸多知识。就海军的核力量而言，专业技术的精通是领导力的基础，我的首位船长的做法就是这一哲学思想的生动体现。

作为一名唐突无礼、冷漠无情却精通专业技术的船长，在他的领导下，翻车鱼号首次被调用即取得巨大成功。对于他的领导哲学，我深信不疑，仿佛事情本该这样。在第一次和第二次调用任务的间隙，我们迎来了一名新船长——马克·佩莱斯（Marc Pelaez）指挥官（后来晋升为海军少将）。一天，当我们在大西洋海域进行巡航训练时，海面平静无事，通过潜望镜，我看到一艘大型商船。虽然潜艇声呐系统对其进行了信号监听，但我们并不确定其所在范围，因为负责声呐系统的船员所接到的命令是进行被动监听，这是一种常规模式。我将自己的突发奇想与负责声呐的军士长分享：如果我们使用主动式声呐向商船发出提示信号，这将是"百利而无一害"的。然而，这种举措却极少被运用。佩莱斯船长出现在我身边："既然是这样，为什么你不做呢？"他当然知道背后的原因——将声呐调整为主动模式需要船长的许可。带着理解的语气，他说："那你为什么不直接和我说'船长，我计划将训练期间的声呐调整为主动模式'？"

我尝试了一下。

"船长，我计划将训练期间的声呐调整为主动模式。"

"非常好。"他回答道。说完，他转身离开，我独自伫立在原地，第一次有了"亲自负责"的感觉。

在接下来的半小时中,我们用声呐的所有组合电子脉冲向训练海域附近的船只发出提示信号。我们让每位声呐成员观摩这一过程,以便他们可以知晓主动模式的声呐联络是什么样的。团队成员非常喜欢这种新颖的声呐使用模式,声呐军士长也乐意训练他的下属,我也钟情于此。对我来说,亲自尝试负责制订瞭望团队训练计划的能力和决策权成为我的一股强大的推动力。我抱着期待的心情"拥抱"瞭望台的值班时间。工作结束后,我会花几个小时研究和设想训练瞭望团队的新方法。

在翻车鱼号服役结束后,我在五角大楼担任护旗侍从武官。之后,我来到国家海军研究生院接受为期一年的俄语培训,并获得国际安全事务硕士学位。经过短暂休整后,1989—1991年,我担任威尔·罗杰斯号核潜艇(USS Will Rogers,SSBN–659)[1]的高级工程师。

我自以为对领导力颇有见地,然而事实却给了我一记响亮的耳光。

在威尔·罗杰斯号上的服役经历可以用"灾难"二字来形容。我们深陷令人沮丧的"自上而下"的领导力氛围中。没有人想在那里有所建树。为了扭转这一状况,我决定让船员们有更多的参与感,下放决策权。虽然我用尽了所有方法去激励我的团队,可无论是提升工作表现,还是提升团队士气,这些方法似乎都不起作用。实际上,下放决策权的尝试使我们出现了更多问题。我想不明白问题究竟出在哪里。我当时的感觉和伊恩一样,想辞职不干了。尝试一段时间后,我将之前下放的权力全部收回,微观管理每个计划,尽量掌控所有事物的决策权。

---

[1] "本杰明·富兰克林"级。——译者注

离开威尔·罗杰斯号 8 年后,我在圣塔菲号核潜艇(USS Santa Fe, SSN-763)上担任指挥工作。这段经历对我产生了深远影响。我在圣塔菲号上所面临的问题勾起了我在威尔·罗杰斯号服役期间的痛苦回忆。从本质上看,它们都是关于人和领导力的问题。于是我下决心尝试一种新的领导模式。

成功的领导力变革

要在核动力潜艇上发动一场领导力变革,这着实让人匪夷所思。整个团队是在极度严苛的环境下完成工作的,就像潜艇内狭小的空间一样,任务期限也非常紧迫。在潜艇上,团队成员在离控制室不超过 150 英尺的半径内工作,采取高度等级化的管理框架是简单易行的。海军传统和海军核动力计划的运行方式(强调责任和技术能力)强化了领导者对于权力、权威和控制的积累与集中。潜艇可以在没有无线电通信设备的情况下运行很长一段时间,类似于以前的远洋护卫舰。总之,上述情况为"领导者—追随者"模式的根深蒂固提供了绝佳土壤。

当我接管圣塔菲号时,我们无论是技术上、操作上还是情绪上,都处于所属舰队的最末端。

一年内,我们彻底扭转了局面。在大多数的表现评估中,我们从"最糟糕"变为"最优秀",包括我最看中的一项——留住船员和长官的能力。我们采用了循序渐进的方式,获得了巨大的成功。

在我的任期内,圣塔菲号表现优异。如果仅是如此,那我的领导力故事与当下占据书架大部分空间的同类书籍并无两样。只有当我卸任十年后，才能评估改革的成效究竟如何。在我卸任后的十年间，圣塔菲号依旧保持着卓越的操作水平和极高的成员晋升率。这才是"领导者—领导者"模式所留下的宝贵财富。

这本书讲述了圣塔菲号全体成员的改革之旅。本书通过4个部分讲述了我们在努力优化沟通方式时所经历的4个阶段的具体情况。第一部分讲述了我如何清除老旧观念，为改革注入全新的思想。第二、三、四部分主要讲述了通往"领导者—领导者"模式的桥梁和相关重要支柱。这座桥梁就是"掌控"——在勇于担当的前提下，剥离传统组织中对团队成员不必要的控制。我们发现，"掌控"的达成需要称职尽心的员工清楚地了解组织目标。因此，当组织控制剥离后，"才能"和"阐明"需要相应地被加强。虽然本书的各部分是按照以上思路进行分类的，但在这一模式的实际操作中，它将会以循环的方式形成一个又一个不断丰富的同心圆。

在我所设想的世界里，人人都能获得职业成就感和满足感，人人都能贡献才智、激发潜能。我们将认知能力作为人类种族的共有属性，我们会共同参与到解决当下巨大问题的浪潮中。

最后，对于那些因当下领导力框架失灵而备感沮丧的员工和雇主来说，本书是一份行动纲领。为了美好的未来，我们必须摒弃"领导者—追随者"模式，将世界看作"到处都是领导者"的人间天堂。无论你是雇主、员工、老师或家长，你都能找到达成此目标的方法。

希望所有读者阅读愉快。我非常想知道"领导者—领导者"模式究竟给你们带来了什么样的影响。请将你们的故事和想法发至david@turntheshiparound.com。

第一部分　重 启

　　我们最大的挑战是对自身的挑战。当我们自认为已经知晓一些东西时，就很难继续研究和学习下去。对我来说，关于领导力的想法源于阅读西方经典著作（比如《贝奥武夫》和《奥德赛》）、海洋历史和观看电影。当我来到美国海军军官学校的时候，"领导就是孤胆英雄"的想法在我脑海里被强化。

　　在这一部分，我着急描述我的痛苦。我质疑这种领导模式并最终否定了它。当时我并没有意识到这种领导模式过于根深蒂固，以至于在人们毫无意识的情况下，简单地将人们划分为领导者和追随者。直到我事先剔除了脑海中的偏见，才看到了一种更好的人类交流模式。

01

失败如何塑造你

作为一名部门长官，我曾在威尔·罗杰斯号核潜艇上尝试执行一种新的领导模式，却以失败告终。

1989 年：爱尔兰海

隐匿于爱尔兰海的深处，8 000 吨的"钢铁蛟龙"安静地游弋着。在威尔·罗杰斯核潜艇的控制室内，舰上总值日官（Officer of the Deck，OOD）命令潜艇朝更深、更广阔的北大西洋海域驶去。通过扫视导弹控制仪表盘，他可以查看船上 16 枚海神导弹的状态，每艘潜艇可以携带 14 枚集束式多弹头核导弹。这些导弹是罗杰斯核潜艇存在的唯一理由，它是一艘核动力弹道导弹战略核潜艇（SSBN），船员们亲切地称它为"boomer"[①]。对于一艘核潜艇来说，

[①] 核潜艇的口语化说法。——译者注

最重要的事情莫过于随时准备在海上执行导弹发射任务。核潜艇是美国战略威慑的一个重要组成部分。

控制室是潜艇的中枢。由控制室掌控的 16 枚导弹是保障潜艇在行进和下潜时不被攻击的重要武器。为了使战略威慑巡逻时间最大化，潜艇共有两组船员轮值，代号为"蓝色"和"金色"。船员们住在位于美国康涅狄格州的新伦敦市附近，而威尔·罗杰斯核潜艇在位于苏格兰霍利湾的一个前沿基地活动。潜艇的船员每 3 个月轮换一次，有 3 天的小组交接期。从新的船员小组进驻到重新出海，他们会花费 4 周时间进行必要的纠正和预防性维护。为了让美国拥有值得信赖的战略威慑能力，必须确保导弹的良好性能。如果罗杰斯核潜艇没有准时出海，另外一艘潜艇将在海上滞留更长时间。

在这些弹道导弹战略核潜艇中，有 41 艘是在 1958—1965 年为了应对苏联军事威胁而被制造出来的。这是一项令人印象深刻的工业成果。威尔·罗杰斯号是其中的最后一艘潜艇。虽然原来那些潜艇都被更新、性能更好的俄亥俄级潜艇代替，但威尔·罗杰斯号依然肩负着执行重要任务的责任。毕竟，罗杰斯号已是服役 30 年的老潜艇。糟糕的是，在我报到之前，罗杰斯号经历了与拖网渔船的相撞事件，并且有一项重要资格认证未获通过。

我检视了控制室内的图表。半小时后，我们将按原先的计划开始深潜。我从船尾走到轮机舱，穿过一排排导弹发射管和反应堆室。伴随着手电筒的亮光，我开始做最后的巡查。虽然我们已完成所有的修理工作，但多一次肉眼检查有益无害。

作为蓝队的工程部长官，我负责检查核反应堆和重要辅助设备，并监督 60 名负责核反应堆维修和操作的船员。每个船员都在工作质量和追赶工期的抉择中备感压力。工作是辛苦的，但我对事态发展并不满意。

我努力给一个极度注重细节的下属减压。他总是亲自审阅技术文件、指挥维修和其他事务。我决心改变这一现象，我赋予船员们更多的工作自主权和决策权，并给予他们更少的任务清单。通过这种方式，我希望将我在翻车鱼号上体验过的热情带到罗杰斯号上。不过这一次，事与愿违。

在我登上罗杰斯号之前，我有幸在另一艘核潜艇上待了几天。当时，那艘潜艇在执行作战巡查工作，工作人员有不同的任务，内部协作至关重要。我跟随着潜艇指挥官，观察他的一举一动。他无处不在：飞奔至轮机舱，然后回到控制室；飞奔至声呐室，然后从那里又跑到鱼雷舱。不到 24 小时，我已精疲力竭。在我观摩的这 3 天中，我不确定他是否睡过觉。

那艘潜艇出色地完成了巡查任务，巡查团队特别表彰了这位指挥官的参与和支持。而我却有一丝焦虑，因为我知道这并不是我理想中的潜艇运行方式。即使是理想中的方式，我也知道我的体力绝不允许我像他那样工作。

虽然海军推崇这种"自上而下"的领导方式，但我倾向于翻车鱼式的激励计划：给部门更多的控制权而不是下达命令。例如，我给部门长官和军士长进行宽泛的指导并让他们准备供我参考的任务清单，而不是我自己给他们罗列一个详细具体的任务清单。我会询问他们应该如何解决一个难题，而不是告诉所有人他们应该做什么。我让各部门军士长直接沟通，而不是指望我扮演协调各部门维修事宜的中心枢纽。

事情并不顺利。在维修期间，我们犯了一些错误，不得不返工，导致赶不上原先计划的进度。还有一些工作没有按时开始，因为中层管理部门没有汇集展开工作的所有零部件和许可权限，或者没有安装好工作所需的推进装置。我无意中听到船员们的聊天内容，他们盼望前任工程部长官回来，因为他能直接告诉他们要干什么。传统的领导方式的确能提速不少。我也经常发现自己为了完成某项任务而直接发号施令。虽然我对这样的自己并不满意，但是似乎没人在意这些。我好像是唯一一个想要获得更民主、更多授权工作环境的人。我不确定自己是否走在了正确的轨道上。

虽然摇摇欲坠，但是随着维修工作接近尾声，我所做的尝试似乎见效了。乐观的心态正在萌芽，同时我们按时完成了维修任务。

转瞬间，我意识到我们错了。

我把梯子伸向轮机舱的下一层。当我用手电筒检查设备部件的时候，我被眼前的景象惊呆了。在一个大型海水换热器的终端盒处，由于螺母没有完全"抓住"螺纹，所以螺母与螺钉没有完全接合。虽然很接近，但是我敢肯定这依旧没有达标。有人在维修中"抄了近路"。在潜艇下潜时，这个冷却装置要承受所有的下潜压强，一个极小的缝隙都将导致海水倒灌入仓。故障的后果是灾难性的。

我的心沉入了谷底。深潜本应该立即开始，但我需要立刻取消这个命令。我们不仅需要重新组装这个冷却装置，还需要检视其他冷却装置，以确保错误没有重复发生。最重要的是，我们需要查明这个错误是怎么发生的。

我叫来舰上总值日官并告诉他我们要推迟深潜。然后，我带着一丝孤独感，经过导弹隔间的16根导弹管，"长途跋涉"去找指挥官。潜艇和本部门的声誉将会受到影响，我为授权团队所做出的努力业已失败。这是不应该发生的。不出所料，指挥官大发雷霆，当然，这对解决问题没有任何帮助。

在这之后，事情变得更加糟糕。虽然我想让我的团队掌控更多的权力，但是我之前对此深信不疑的想法已消失殆尽。虽然我给予团队决策权，但是他们总是做出糟糕的决定。如果我被责骂，我希望是因为我的过失。组织模式又回到了长期以来备受推崇的领导模式，我认真听取了每一件事情的概述并审议通过了所有决定。我建立了报告系统，报告便没日没夜地向我扑来。我从未睡过一个安稳觉，因为情报员为了让我做决定，总是叫醒我。我精疲力竭，苦不堪言。虽然部门的其他成员也不开心，但是他们都坚守在各自的岗位上。虽然我想规避更多的重大问题，但是所有事情都取决于我的最终决定。我多次发现问题，但我并不为自己发现了问题而感到自豪，因为我责无旁贷，让我备感忧虑的是：当我累了、困了或错了的时候，将会发生什么？

我评估自己晋升为副指挥官的概率很低，罗杰斯号上的其他部门长官也无人被提拔为副指挥官，副指挥官也没有晋升为指挥官，

第一部分 重启

指挥官也没有升职。罗杰斯号是我们职业生涯的一座坟墓。我计划去做些别的工作。我没有继续从事潜艇相关的工作，而是去到了现场视察署（On-Site Inspection Agency）。在那里，我的工作是检查关于《削减战略武器条约》[①]（START）和《美苏关于限制反弹道导弹系统条约》[②]（INF）的条约执行情况。

从伏尔加格勒（Volgograd）的一次检查工作中归来，我收到了一封邮件。我从工程部长官晋升为副指挥官，我将再次回到海洋，回到潜艇。我本应欣喜若狂，因为副指挥官距离指挥官只有一步之遥。然而，这使我产生了莫名其妙的矛盾心理。我需要努力克服理想的领导者与现实状况之间的心理落差所产生的压力。

关于"授权"的思考

在被调往现场视察署的时候，我不得不回顾在罗杰斯号上发生的一切。我开始尽量多地搜集和阅读关于领导力、管理、心理学、沟通、动机和人类行为的资料。我常常思考：激励我的原动力是什么？我希望被如何看待？

在翻车鱼号上，我感受到了自己所领导的潜艇值日团队所迸

[①] 美国和苏联（后为俄罗斯）两国之间举行的战略武器限制谈判会议中签署的条约。——译者注

[②] 苏联和美国于1972年签署的一项双边条约，条约被视为全球战略稳定的基石。目前有32个裁军和核不扩散的国际条约与这一条约挂钩。——译者注

发出来的能量、热情和创造力。在罗杰斯号上的3年，我经历了痛苦、挫折和迷茫。无论是接受还是下达命令，我都激励自己要尽量避免那些糟糕经历再次上演。

在研究接近尾声的时候，有3个矛盾点一直困扰着我。

第一，虽然我喜欢"授权"这个概念，但是我不理解为什么需要"授权"。对我来说，人类生来就处于行动与授权的自然状态下。毕竟，天生消极的族群是不可能接管这个星球的。授权程序似乎是对一个事实的回应：我们主动剥夺了人们的权力。除此之外，通过一个授权程序，我给我的下属授权，我的上级给我授权，这从本质上看是矛盾的。我感觉权力的来源是内心深处，授予权力的尝试有一种操纵某人的感觉。

第二，长期被教授的管理方式与我理想中的管理方式之间存在差别。我感觉，当上级确立目标而给予我广阔自主权去考虑具体做法时，我的表现是最好的。而对于具体做法已敲定的任务，我无法很好地应对。实际上，后者让我感到愤怒，并且导致我关闭大脑。从智力上看，这是浪费与缺乏成就感的做法。

第三，将领导者的技术才能与组织表现挂钩的做法令我感到困扰。拥有一位"优秀"指挥官的潜艇表现优异，比如我之前观摩过的那艘潜艇；缺乏一位"优秀"指挥官的潜艇表现不佳。除此之外，当新任指挥官接管潜艇时，一艘之前表现优异的潜艇会在一夜之间变为表现糟糕的潜艇。还有一个更深的误解：每一次发生不幸事故的时候，人们都会摇头叹息，"居然发生在表现如此优异的潜艇上"。感觉好像指挥官犯了一个错误,队员们会像旅鼠[①]一样紧紧跟随。我的结论是,不能仅仅关注领导者的才能,还应该关注组织的综合能力。

从本质上看,我在威尔·罗杰斯号上的尝试只不过是在"领导者—追随者"的架构下试图运行一种授权程序。凭借指挥官的行为和期望来加强和巩固的领导架构是"让你做什么就做什么"模式的具体表现之一。因此,我的努力相当于"让你做什么就做什么,但是……"这样的升级版本。这是徒劳无益的。

我现在所进行的尝试是将翻车鱼号上的做事方式进一步向外延伸。在那艘潜艇上,虽然我被授予了权力,但是这种领导力的观念到我这儿就结束了。值日团队的其他人是传统模式的追随者。在那6个小时里我感觉到了授权所带来的释放与自由,我没有感觉到自己是一个追随者。这正是我想传达给威尔·罗杰斯号工程部的领导和船员们的信息。

阻止我们获取真知的其中一个因素是,我们总认为自己已经了解了一些事情。我在威尔·罗杰斯号上的经历使我确信我们的方

---

① 1958年,获得奥斯卡金像奖的迪士尼动物纪录片《白色旷野》当中有这样一个片段:旅鼠在数量急剧膨胀之后,所有的旅鼠开始变得焦躁不安,到处叫嚷,跑来跑去,并且停止了进食。旅鼠们勇敢异常,充满挑衅性,肤色开始变红。它们聚集在一起,盲目而迷惘。忽然有一天,这些小家伙开始向一个方向出发,形成一队浩荡的迁移大军,一直走到海边,然后从悬崖上跳进大海。后来这一片段被认为是虚构的。学术界通过这样一个虚构的现象归纳出"旅鼠效应"。"旅鼠效应"产生的原因有两个:一是群体成员倾向于与其他成员保持行为与信念的一致,以获取群体的认可及团体归属感;二是群体成员在对需要决策的事件拿不准的时候,模仿与顺从他人的行为与信念往往是安全的。——译者注

式出现了巨大漏洞。仅仅劝诫人们要有前瞻性、取得所有权、全心投入，以及关于"授权"的其他方方面面，都是不深刻和不周详的。在威尔·罗杰斯号上服役后，我才开始吸收关于领导力的新想法。我开始严肃地质疑现实中的海军指挥官是否应该像电影《怒海争锋》所塑造的形象一样。我开始怀疑自己被教授的关于领导力的所有知识是否都是对的。

供你思考的问题

- ★ 为什么我们需要授权？
- ★ 你是否需要别人授予你权力？
- ★ 在你的组织里，一个人或一小撮人的决策力是否可靠？
- ★ 你的事业或组织采用的是何种领导模式？
- ★ 当你在回想描绘领导力的电影画面的时候，谁或哪一个镜头最先映入你的脑海？
- ★ 这些片段里嵌入了什么假定或设想？
- ★ 这些片段是如何影响你对于领导者的看法的？
- ★ 就成长为一个领导者而言，这些片段给你带来了多少阻力？

第一部分 重启

02
优化组织的长远未来

你和你的员工在优化组织结构的时候,眼光是放在本任期内还是更长远的未来?为了促成长远的成功,我不得不忽略聚焦短期的奖赏体系。

1998年12月:珍珠港,夏威夷

奥林匹亚号(USS Olympia,SSN-717)[①]正驶离珍珠港主航道,而我却不在船上。这一切让我始料未及。

为了指挥这艘潜艇,我已接受了一年的训练,而在不到4周之前,我的调令发生了变更。指挥奥林匹亚号是一项梦幻般的任务。奥林匹亚号是一艘前线攻击型核动力潜艇——恰好是我梦寐以求的。

[①] 洛杉矶级核潜艇。——译者注

如果说威尔·罗杰斯号的任务是隐蔽在汪洋大海中，那么攻击型潜艇就是猎手，以向敌人开战作为主要任务。我学习了这艘潜艇的设备配置、管路图、反应堆设备、计划表、武器装备，以及以往3年潜艇所发布的所有故障报告；我了解了每个军官的职务和档案；我查阅了每一份检查报告：战术检查、反应堆检查、安全检查和后勤保障检查。这一年当中，我心无杂念地为奥林匹亚号上的船员和未来3年的领导责任而考虑。就海军的核能领域而言，我对这艘潜艇技术层面的了解已达到了精通的地步。我非常喜欢刚刚结束的预备指挥官培训。在这一年中，作为一名学员，我只对自己负责！除了对奥林匹亚号的详细情况的掌握，我们也学习战术、战法和领导力。在罗德岛（Rhode Island）州的纽波特（New port），我参加了为期一周的领导力培训。在此期间，我的妻子简（Jane）来看望了我。整个培训计划以紧张的实战训练作为结尾——两周的潜艇驾驶和鱼雷发射。

指导此培训班的长官是从久经考验的上校中选出来的。我们这一组的指导长官是马克·肯尼上校①，他曾指挥过洛杉矶级核潜艇伯明翰号（SSN-698）。马克激励我们不断地学习和内省。每天，我们要了解潜艇，也要了解自己。

在一次鱼雷研讨会上，我提出了一项精心设计的策略，这项策略可以驱赶敌方潜艇并使其变成容易被击中的目标。我和其他学员来到控制室预演我的策略。情况和我所预料的完全一致，我们给予"安静"且固执的敌人以迎头痛击。在此期间，我不得不临时接手

---

① 书中人物的军衔随时间发展有变化。——编者注

其中一名学员的职责,因为他对我的计划感到困惑不已。

虽然我认为自己聪明绝顶,但是肯尼上校把我拉到一边并提出了批评。如果团队无法执行一个计划,那么无论该计划多么巧妙,都是毫无意义的。这个教训使我受益良多。

奥林匹亚号是一艘表现优异的潜艇。它有着良好的继续服役人数[①],各项检查指标都在平均水平之上。就潜艇操作方面而言,奥林匹亚号以出色地完成既定任务而闻名。

我反复考虑了自己要在奥林匹亚号上采用什么样的领导方式。我热衷于登上这艘潜艇并完成交接程序。在我接管奥林匹亚号之前的这个月,潜艇将接受为期两天的核反应堆性能检查,还会在港内接受维修。于是,我计划和检查团队一起乘船去珍珠港的入口看看奥林匹亚号。

这不仅是我正式任命之前观摩潜艇和艇内船员的唯一机会,而且我也可以从观看潜艇接受检查的过程中学到很多。由于目前还不是潜艇的一分子,所以我还没有产生任何的感情羁绊。但是在我接手潜艇之后,我将致力于实行矫正措施并为此负责。

当奥林匹亚号出现在航道并慢慢接近掉头区时,我们船上的无线电发出噼啪声。船长向奥林匹亚号通报移至艇上的人员名单。潜艇传来消息:只允许检查团队登艇。我可能是对今天的计划产生"误会"了吧!潜艇掉头后我们的小船靠了过去,检查团队登上了潜艇。虽然我看见了舰桥上的指挥官,但是我们始终没有进行眼神交

---

① 决定延长服役期限的船员人数。——译者注

流。随后，奥林匹亚号重新驶向远方的海面。小船将我送回港内。

对于指挥官阻止我登艇的举动，我感到郁闷。他剥夺了我观摩潜艇运行和检查工作的宝贵机会。还有不到一个月的时间，我将全权负责这艘潜艇，而现在我却连观摩的机会都没有。

但是，从另一个层面看，谁又能指责他呢？我会占据本就狭小的潜艇空间并影响船员的正常工作。尽管海上的这两天对于奥林匹亚号在他离职后继续保持高水准至关重要，但是他对于促成这一目标显然毫无兴趣，但我可以责备他吗？在海军系统中，指挥官的表现取决于其上任之日到离职之日的表现，而不是离职之后。离职之后就变成别人的问题了。

我思考过这个问题。在所有潜艇和舰船上，在所有中队和营队里，成百上千的领导者会为了优化命令的执行而做出成千上万个决定。他们优化行为的动机聚焦于他们的任期且仅局限于他们的任期。他们做长远打算的动机应该基于明确的担当与职责，而不应该基于某个系统的鼓励机制。我们没有将一个长官的领导效能与他的团队在其离职后的表现联系起来；我们没有将一个长官的领导效能与他的团队成员在两年、三年或四年后的晋升频率联系起来；我们甚至都没有具体掌握这些信息。当下的表现就是一切。

离职后被怀念的领导者

3天之后，当奥林匹亚号停在码头时，我登上了潜艇。不出所料，检查工作进行得非常顺利。

我在奥林匹亚号上的活动非常简单明了：回顾航行记录、检查原料、采访长官和船员。当我漫步在潜艇上的时候，我发现船员们似乎很机警和自信。事实上，他们是过于自信。因为我掌握了关于潜艇、潜艇系统和故障报告的详细情况，所以我足以准确找到我想要探寻的技术问题。我提了很多问题，大部分是关于为什么我们要用某些方式来处理某些问题的。船员们的回答简明扼要且确信无疑。我立刻意识到这里缺乏改变的原动力。长期以来，奥林匹亚号是在"自上而下"的传统体系下运行的。每一个人都喜欢这种方式。

我曾思考过当我接手这艘潜艇的时候我要如何领导它。我搁置了彻底转变管理方式的想法，因为内部阻力太大。在传统体系里，表现优异的船员无法看到改革的必要性。在传统的等级结构里，我应该寄希望于渐进式改革。

"自上而下"或"领导者—追随者"模式所取得的成功如此吸引人，因为只要你专注于评估短期表现，它确实是有效的。该模式奖励那些不可或缺的长官，奖励那些离职后被怀念的长官。而在一名长官离职后，当其团队的表现下滑时，人们认为这更能证明离职的长官是一名优秀的领导者，却不曾有人认为这是他在任期内没有好好磨炼部下所导致的恶果。

另一个导致此领导模式如此吸引人的因素是"诱导式麻木"。它免除了下属努力思考、做决定、要有责任与担当的必要性——你只是一个齿轮，你只是他人决策的执行者罢了。"嘿！我只做我被要求做的事情。"这是我们经常听到的。

第一部分 重启

"自上而下"模式对于人们来说是有代价的,而且这代价是随着时间的流逝慢慢显现出来的。以对待"追随者"的态度来对待人们,会使人们以同样的方式对待别人,尤其是当他们有机会成为领导者的时候。这种待人的态度使得大量人力资源未被利用。而三至十年后,当代价变得明显的时候,人们已经去到新的工作岗位了。

奥林匹亚号停在码头进行维修期间,我正浏览着潜艇记录、检查情况和采访内容。我已然是这艘潜艇的技术专家了。我了解奥林匹亚号的一切,也深知我将要施行的领导策略与在威尔·罗杰斯号上的如出一辙。之后,我开始对这些信息有些厌倦并决定与我的妻子一起度过一个为期一周的假期。有一艘历史悠久的游轮叫"独立号"(SS Independence),它负责夏威夷群岛的巡游工作。我们打算在游轮上度过假期。头四天是非常惬意的,我们欣赏了群岛的美丽景色。

第五天的清晨,来自基拉韦厄火山[①]的岩浆充满海域。当游轮穿过时,我接到了一个电话。那个时代,接到来自海岸上的电话是不多见的,所以我猜测应该是内部电话。电话那头传来沙哑的声音,对方通知之前的调令取消,我将在新年过后接管圣塔菲号。

我感到惊恐,因为我所创立的领导方式和我所具备的技术才能将被运用到一艘"错误"的潜艇上。

---

① 基拉韦厄火山位于美国夏威夷岛东南部,是世界上活动力旺盛的活火山,仍经常喷发。——译者注

供你思考的问题

★ 在你的组织内,管理者会因为离职后所发生的事情而被奖励吗?

★ 管理者是否会因为他们的同事或下属的成功而被奖励?

★ 管理者是否希望在他们离职后被怀念?

★ 当一个组织在长官离职后突然变得糟糕,这反映了关于离职长官的哪些信息?组织是如何看待这样的情况的?

★ 领导者对于时间范围(短期效益还是长期效应)的看法将如何影响他们的决策?

★ 我们能做什么来鼓励人们做长远考虑?

03
临危受命的领导者：180天扭转局面

你的担当意识有多强？我发现改革计划中最困难的一环就是自己的勇气和毅力。

1998年12月：珍珠港，夏威夷

从游轮上回来后，我做的第一件事情是拜访新上司——预备指挥官培训班的指导老师马克·肯尼。他现在晋升为海军准将。我没有前往潜艇码头继续完成奥林匹亚号的交接仪式，而是转向一座历史悠久的大楼。在1941年12月7日发生的珍珠港事件之后，这座大楼曾是美国太平洋舰队司令的办公室。如今，驻珍珠港的3名海军中队的司令办公室分布在这座大楼的不同区域。由于奥林匹亚号隶属于第三中队，而圣塔菲号隶属于第七中队，所以这一次我在大楼里的行走路线与之前完全不同。由于我的指导老师马克·肯尼刚接手第七中队，所以他成了我的新上司。他的据理力争使我获得了这份工作，使我获得了拯救圣塔菲号于危难的机会。他"言必行，行必果"的风格使他的推荐极具公信力。这也是我获得这份工作的原因。

马克事后告诉我，他之所以为我据理力争，其中一个原因是我在整个预备指挥官培训班期间所表现出来的极大的学习热情。他明白浓厚的好奇心对于成功扭转圣塔菲号及其船员的面貌至关重要。就当时的情况而言，我对这个事实的认识不够深刻。而在日后的工作中，我非常感谢马克告诉了我这个事实。

当我获悉将指挥圣塔菲号的时候，我感到震惊。除了知道圣塔菲号正停泊在珍珠港并将于6个月后被正式调用，我对其一无所知。与奥林匹亚号不同，在培训期间，学员们都将圣塔菲号作为反面例子进行调侃。前些年，一张关于圣塔菲号船员玩忽职守的图片在网上传开。当时拥有上校军衔的指挥官受到了口头警告处分，并且全军要以此作为教训，引以为戒。圣塔菲号经常不能按时出海，并且有着美国潜艇史上最糟糕的继续服役人数。例如，1998年，只有3名船员同意延长服役期限。

马克阐述了对于我的工作期望："在未来6个月内，你必须让圣塔菲号和船员们做好被调用的准备。6个月后，圣塔菲号将与星座号航母战斗群（Constellation Battle Group）一起执行任务。从军事行动的角度看，虽然这是一次梦幻般的调用，但是要求也是极度苛刻的。为了展示我们的作战能力，我们将在阿拉伯海湾的浅滩上进行一次鱼雷实弹演习。"

马克接下来谈论了圣塔菲号令人担忧的前景："在你面前，我无须对这份工作的难度遮遮掩掩。这艘潜艇的表现非常糟糕。在我看来，主要原因是出现了领导力'真空'。这是一个极度特殊的情况。在我的海军生涯中，这也是极其罕见的情况。"

"事情是这样的。如果你需要调换一些船员，请让我知道，但是我对于大规模的人员调换的做法持保留态度。我不认为这会帮助到整个团队。我认为你应该更好地聚焦在你现在所拥有的资源上。由于距离正式调用只有6个月，你没有足够的时间去找继任者。"

我也正考虑这个问题。直到最后从圣塔菲号卸任，我也没有开除过任何一名船员。

这非常重要，因为这将给每一名船员传达一个信息：不是他们搞砸了，而是领导力出了问题。摆在我面前的挑战是通过改变船员们的沟通与处事方式，用同样的人和后勤团队大幅度地提升圣塔菲号的战斗效能。

作为潜艇的总指挥官，副指挥官（Executive Officer，XO）将会辅助总指挥官开展工作。作为潜艇的二号人物，副指挥官可以在总指挥官因各种原因无法指挥潜艇时接手指挥权。潜艇拥有4个部门：武器装备部、工程部、航行部和后勤保障部。除了后勤保障部的长官，其他3个部门的长官都将接受核反应堆的相关培训，并且日后都有机会成为潜艇指挥官。马克向我解释说，一般情况下，副指挥官将顺理成章地接替即将卸任的总指挥官，而部门长官通常由于经验不足，不予考虑。

马克继续说道："为了让圣塔菲号做好调用准备，我和我的整个中队将会是你坚实的后盾。虽然我们不会直接告诉你需要怎么做，但是我们将全力支持你所需要的一切。"

我们也谈论了下级军官。作为一个组织，下级军官缺乏训练、缺乏海军经验。由于这是他们服役的初期，这些人可能是最容易被忽略的群体。除了书本上的知识，他们所形成的关于潜艇和如何担任一名军官的认知完全来自圣塔菲号。这些人一半来自各海军院校，另一半来自海军后备军官训练队（NROTC）。

我们谈论了圣塔菲号的军士长。虽然这12名军官都是潜艇的高级军官，但是他们毫无自主意识和决策意识。他们都是中层管理者。在美国的舰艇学校里，老师告诉学生，长官们会确保行动的正确性，而中层军官则要确保正确的行动被正确地执行。他们的专业技术水平和领导力是至关重要的，而我对他们能力的善加利用也非常关键。

就像国家建造弹道导弹核潜艇（SSBN）是为了海上巡逻一样，而建造核动力攻击型潜艇（SSN）是为了被调用、被部署。调用指的是离开母港执行为期6个月的军事行动。

在这6个月里，我们大多数时间会保持下潜状态，在存在潜在敌人的海域执行任务。虽然我们也会浮出水面并到港口进行再补给和小型维修，但是总的来说，我们需要独立行驶30 000英里①（此处按照原文翻译，故未用"海里"）。在争议海域，潜艇是最有用的"先头部队"。潜艇从来都不是在航空母舰战斗群或盟军的保护下待

---

① 1英里约为1.609千米。——译者注

在后方的。"调用"的特殊定位要求潜艇和船员在维修、训练、人员配置和后勤保障方面做到尽善尽美。

马克准将表示，上级部门将不会有、也不会花费任何时间中途变更第七中队的总负责人。海军和国家需要圣塔菲号达到最佳状态。马克将对潜艇是否完全做好调用准备进行最终评估。他最后激励我："我对你的能力充满信心。给你一个忠告：你可能需要一只性能良好的手电筒。"

我们握手告别。我走向潜艇。我和团队将如何完成这项任务？我不确定这是否是一个可以完成的任务。我感到压力巨大，不知道切入点在何处。调用的准备工作已经让我想退缩了，更不用说士气低落的船员们。我是否还有胆量实行一套全新的领导模式呢？

经过仔细思考，肯尼准将已经向我展现了高超的领导艺术。虽然他给了我一个具体目标——用尽一切方式让圣塔菲号做好调用准备，但是他没有告诉我应该怎样完成这个目标。他告诉我的另外一件事情是，潜艇上的人员和资源不仅和以前一样，而且和其他潜艇也一样。因此，我们唯一能改变的是处事与共事方式。这是我关注的焦点。

然后，我开始重新思考自己所处的境地。因为马克不会时刻监视着我的一举一动，所以这或许是尝试不同事物的一个好机会。这或许是一个将船员们从"自上而下"和"让你做什么就做什么"的领导模式中解放出来的好机会。这或许也是一生只有一次的宝贵机会。当然，我将一个人承担所有责任。如果圣塔菲号没有做好准备，这将是我的工作失误。

第一部分 重启

我决心放手一搏。我离开了马克的办公室，朝圣塔菲号停泊的码头进发。

供你思考的问题

★ 你愿意冒什么样的风险（有的时候，做到更好需要你的在乎与不在乎。你非常在乎你的团队和任务，而不在乎所冒的风险可能会使你的职业生涯遭受负面影响）？

★ 既要放权，又要保留所有领导责任，领导者需要在心理上和心态上克服哪些障碍？

★ 你在放弃全方位监管、"自上而下"的领导模式或个人崇拜的过程中，让你感到最困难的是什么？

★ 如何让团队在使用相同资源的情况下以不一样的方式沟通？

★ 作为一名下属，你如何让你的上级允许你尝试用全新的方式去完成任务？

★ 在给雇员分配具体目标的同时，你是否会让雇员自由选择达到目标的方式？

04
做一名优秀的餐桌谈论者

你真有好奇心吗？在之前的服役生涯中，我所表现出来的好奇心只不过是质疑，绝非真正的好奇心。

1998年12月15日：圣塔菲号，珍珠港，夏威夷
（距离正式任命还有25天）

我带着好奇与焦虑的复杂心情来到圣塔菲号上。

在美国海军文化中，为了区分不同的潜艇等级，我们习惯用该等级中的第一艘潜艇的船体代号来命名。因此，所有洛杉矶级潜艇的等级代号都是688。每个潜艇等级又被分为两个小队：第一小队和第二小队。作为第十三艘洛杉矶级潜艇，奥林匹亚号属于第一小队，圣塔菲号属于第二小队。第一、二小队的不同不仅体现在船体的外观构造上，也体现在内部配置上。在洛杉矶级潜艇中，第一小

队的潜艇配备艏舵[①]、4根鱼雷发射管和一整个潜艇服役期只需要再补给一次的反应堆。第二小队的潜艇配备首水平舵[②]、12根垂直发射的战斧对地攻击导弹发射管、4根鱼雷发射管和一个可以支撑潜艇整个服役生涯的改良版反应堆。

我从狭窄的舱口下到潜艇里。当我穿过住舱甲板时，我听见上方值日人员传出官方通报："美利坚海军指挥官驾到！"我在狭窄的通道中穿行，热情地与每一位船员打招呼。潜艇上的通道大约有2英尺宽，想顺利穿行是很难的。大部分的船员都嘟囔着嘴，盯着自己的鞋。他们好像非常尴尬。他们避开眼神交流与言语交谈，像霜打的茄子一样。他们反复被告知这艘潜艇是最糟糕的并逐渐对此深信不疑。这里与海对面的奥林匹亚号宛如两个世界。

在指挥舱，我与即将离任的指挥官见面。虽然几周后我将全面接管圣塔菲号，但是他现在依旧是该艇的指挥官。令人尴尬的是，他的离职实际上比预计要早一年，这一次的人事调令也让很多圣塔菲号的船员感到惊讶。我当时还没有正式的办公地点，只在副指挥官舱内的第二张桌子上有一个临时的作战指挥点。由于没有办公地点，我走进了控制室。虽然仪器被关闭了，但是从控制板、仪表和刻度盘的数据来看，与我之前掌握的情况有所不同。我开始在潜艇上闲逛。

闲逛期间，我不仅询问了船员们关于技术设备的问题，还了

[①] 艏舵是设在船首的舵，用以改善倒车时的操纵性能或克服大风和急流对船舶的偏航影响。——译者注

[②] 潜艇的首水平舵布置在艇艏，也就是潜艇艇体前端。——译者注

解了他们每个人的具体职责。在我和船员们谈论关于技术设备的相关问题后，我首次感到好奇。起初，船员们对于我问这些问题表示怀疑，这是因为我通常是在"质疑"，而绝非真的好奇。一直以来，我向船员们提问都是在确保他们熟悉技术设备，而现在是要确保我自己熟悉这些技术设备。

对这艘潜艇技术细节的陌生给我带来了有意思的副作用：由于我不能够直接参与潜艇装置的具体讨论，所以我将聚焦点延伸至船员，以及我与他们的交流方式上，我比平时更加依靠他们。我暗下决心，虽然我依旧会进行潜艇的实地检查和航行记录审核，但是我将通过这些工作来了解船员们。虽然在奥林匹亚号上，我一个人亲自审核记录，但是我决定在圣塔菲号上与部门长官、军士长或船员共同完成我的一切工作。

我开始与潜艇上的部门长官与军士长进行交流。在听过他们关于船员情况的汇报后，我问了他们如下问题：

- 潜艇上的哪些方面是你不希望我改变的？
- 潜艇上的哪些方面是你希望我改变的？
- 在圣塔菲号上，你认为哪些好的建议应该被采纳？哪些好的体系应该被建立？
- 如果你是我，你会先做哪件事？
- 为什么圣塔菲号不可以做得更好？
- 在圣塔菲号服役期间，你的个人目标是什么？
- 你在工作中有什么困难？

第一部分 重启

- 为了让圣塔菲号被按时调用，我们面临的最大挑战是什么？
- 关于圣塔菲号目前的运行体系，你认为其最大的缺陷是什么？
- 我能为你做些什么？

随后，我思考了听到的回复。很多回复都指向圣塔菲号的运行机制问题。

- "管理机制消失在黑洞里。"
- "值日军官耽搁了潜艇维修进程。"
- "下级军官是潜艇糟糕表现的根本原因。"
- "起初，我获得了在某个潜艇值班室工作的资格。随后，我被不间断地调往不同的潜艇。现在，我带着一份空空如也的资格认证表重新开始。"
- "我等了四周才获得资格认证的考试机会。"
- "军嫂俱乐部没有得到任何支持。"
- "我们所获得的无线电安装与升级服务使潜艇综合能力每况愈下。"
- "当我来到这里时，组织许诺了我特定职务。承诺终究没有兑现。"
- "我保持低调，尽量不惹是非。当事情变得越来越糟糕的时候，我暗自希望其他人也把事情弄砸。"

我与负责导弹发射控制的大卫·斯蒂尔（David Steele）军士长进行了一次极具代表性的谈话。"我曾申请去别的地方工作。"他承认道。斯蒂尔军士长已经在圣塔菲号服役两年，而他的经历并不愉快。他不是指挥官所喜欢的下属之一，职位上也不见起色。作为一名高中就辍学的学生，他 18 岁那年由于在能力测试中表现优异，他有机会去潜艇工作。招募人员劝他带上普通教育水平证书[①]应征入伍。如今，斯蒂尔负责发射控制系统的运行。圣塔菲号的每一颗发射出去的导弹和鱼雷都是由此系统发出指令的。

"我的个人评估报告仍然没有获得指挥官的签署。"他告诉我。我努力压制自己对这个不周到行为所造成的后果给予评论的冲动。现在已经是 12 月，而 9 月 15 日是提交个人评估报告的截止日期。当军官晋升审选委员会召开讨论会的时候，由于文件不完整，他升职的可能性等于零。如果对于军士长的评估报告签署工作都如此拖沓，普通船员又如何呢？我对此深表怀疑。

"我非常不喜欢指挥官处理指令的方式。"斯蒂尔抱怨道。

虽然他实话实说的风格可能会激怒某些人，但是我对此表示感谢。他对于圣塔菲号的战斗效能至关重要，尤其是他对导弹垂直发射系统（VLS）的认识。

"长官，虽然我不能保证超额完成任务，但是我可以保证圣塔菲号的战斗效能一定与您所给予的支持成正比。"

还有一次，一名负责核反应堆的军士长告诉我："自从我来到圣塔菲号上，没有任何人审查过我的设备状况日志（ESL）。"设备状况日志是一个大型数据库，记录着潜艇上每个部门设备的机器故障问题。它是维修和行动计划的依据。

由于我不是这艘潜艇的技术专家，所以我感到非常不安。通过

[①] 此证书等同于高中毕业程度。——译者注

关注船员们的工作状态，他们将向我提供有关潜艇运行的各方面的具体信息。这些与我之前接受的培训内容完全自相矛盾。但是，特殊情况的应对需要全新的管理模式，随波逐流却想获得与众不同的结果是行不通的。

  我的主张并不是忽视对潜艇设备的具体了解。然而，对我来说，为了做到真正的好奇，采取一种全新的方式去依靠船员是必要的一步。随着时间的流逝，虽然我会逐渐成为圣塔菲号各方面的技术专家，但是良性的模式已然形成，我将继续与船员们保持良好的关系。在组织里，如果你想和大家聊天，我建议你保持最大限度的好奇心。作为一名优秀的餐桌谈话者，你应该由一个问题自然而然地过渡到另一个问题。只有在建立了彼此的信任之后，才是我们开始提问甚至质疑的合适时机。

供你思考的问题

★ 你提问是为了使自己了解问题还是让他们了解问题？

★ 你是否应该成为组织中最聪明的人？

★ 技术才能对于领导力的构成有多大影响？

★ 技术才能指的是个人才能还是组织综合才能？

★ 在组织里，你如何知道甲板上发生的事？

05
自我驱动

当你在组织中走动时,你还记得上一次听见关于"自上而下"的管理方式的好、坏是什么时候吗?我管理圣塔菲号所迈出的第一步就是巡视与倾听。

1998 年 12 月 16 日:圣塔菲号,珍珠港,夏威夷
(距离正式任命还有 24 天)

按照常规程序,接下来的两周,我将审核圣塔菲号上的一切,包括日常训练记录、培训记录、行政记录、获奖记录、提升记录、反应堆的运行与维修记录、武器装备系统、鱼雷与导弹、计划表、训练安排、保密资料等。我决定打破常规,暂时忽略这些。我花时间在潜艇上巡视并与船员们交谈。我还举办了一系列徒步巡查活动——和军士长或部门长官边走边了解他们的工作地点。为了做好

这些巡查活动，我让他们给我找了一只手电筒。虽然这并不是一次真正意义上的检查，但是使用出故障的、没电的、光亮不够的手电筒是令人遗憾的——你看不见任何东西。我突然明白了肯尼准将之前给我的忠告。我给自己找了一只足以容纳4节一号电池的超大号镁光手电筒。它发出的光像太阳一样亮。我去哪里都带着这只手电筒。不久之后，其他船员也开始佩戴这种功能良好的手电筒。

在军官室，我出席了一个部门长官例会，主要审核潜艇维修事宜。军官室也可以作为培训室、军事行动研讨室、会议室和电影放映室，如果有需要，甚至可以是手术室。里面有一张十座的大桌子，可供军官们吃饭。

我环顾4个部门的领导。他们是与我并肩作战的关键人物，他们是肩负潜艇上135名船员命运的人，他们可能也是与我共赴黄泉的人。我为这些家伙感到遗憾：多名出席者迟到，而指挥官要等所有与会者到齐后才会出现在会场。会议开始的时间也因此被推迟。虽然这看上去是一件小事，但是在核潜艇上，像不守时这种细节足以反映更加严重的问题。在这次会议上，每个人都在等待别人的到来。

会议开始了。武器装备部的长官大卫·亚当斯上尉简述了位于潜艇首水平舵的垂直发射系统出现的问题。会议还讨论了O形圈、密封装置和复检情况。我本应该对这些技术问题多加关注，但因为这种导弹系统没有被运用在奥林匹亚号上，所以在培训期间，我没有对此多加关注。会议期间，我一直在观察与会者。虽然大卫上尉很勤勉，也很直率，但是他回答提问时显得沮丧且有所保留。其他的部门长官和军士长则露出厌倦的神态。

授权——如何激发全员领导力

会后，我跟随大卫前往他的办公室。

"上尉，你看上去有些沮丧。"

"指挥官阁下，关于本部门的未来发展，我有自己的规划。"他说。当我倾听其规划时，我越来越兴奋并深受感染。很不幸的是，他的想法总是被忽略。当他谈论到部门优化的时候，我问他想如何具体实行这些想法。每一次我所听到的答案都如出一辙：上级没有对这些想法给予充分的支持，所以无法实行。那些为大卫上尉工作的军士长们也不愿意提出他们的想法。明年1月，圣塔菲号将迎来战斧式对地导弹打击的正式测验。为此，虽然大卫多次与其他长官就相关练习事宜进行磋商，但是练习要不就是没有被提上议程，要不就是被取消。

从本质上讲，虽然大卫没有使用关于领导模式的学术词汇，但是他所提到的是"领导者—追随者"模式的固有问题。由于他的洞察力和热情，他将成为圣塔菲号上的"利器"之一。他将信奉并推行"领导者—领导者"模式。

我发现大卫是一名聪明、积极进取且富有天赋的长官。作为一名军队招募人员的后代，大卫深受其严厉父亲的影响，他身上有一股旁人难以比拟的内驱力。他也学会了感恩下属并要求他们表现优异。我因此对改革计划稍微产生了一些乐观心态。如果我要使计划顺利实施，我必须依赖大卫和其他部门长官的技术专长。

大卫并不是唯一感到沮丧的人。航行部的比尔·格林（Bill Greene）少校请求调离圣塔菲号。有两名下级军官也提交了辞呈。

当圣塔菲号每况愈下时，船员们会采取"保持低调"的处世态度。他们做任何事情的动机都是避免犯错。他们只关注达到最低标准而忽略其他更高的目标。

有一次徒步巡查,我注意到一位非常绝望的普通船员。他告诉我,由于未收到外出请假的批示,他不确定自己是否能赶在圣诞节期间回到本土与家人团聚。他说他几个星期之前就提交了外出请假申请。现在离假期越来越近,而他却无法购买机票,因为他不确定外出请假申请是否会被批准。现在即便有机票,价格也太贵了。

根据《标准潜艇组织与管理守则》(Standard Submarine Organization and Regulations Manual, SSROM)的规定,副指挥官负责签署所有被征募船员的外出请假申请,而指挥官负责签署所有长官的外出请假申请。由于我们强调行政管理系统中的等级制度,这就意味着一份下级军官的外出请假申请必须经过直接领导他的海军上士、所在小组的军士长、所在部门军士长、潜艇警卫长、所在小组长官、所在部门长官,最后到副指挥官手上。整整7个人!值得一提的是,因为外出请假申请表上只有5条签名线,所以我们需要用尺子把每一条线切成两条,方便所有长官签字。

我们对待这位船员的态度是错误的。

我急忙去追查这位船员的外出请假申请的签署情况。我发现,虽然签署工作已经全部结束,但表格却被放在某人的收件箱里未能发出。所以,这是体制本身的问题,而绝非工作人员不作为的问题。

当我逐渐熟悉船员后,我开始花时间观察潜艇的一些日常工作流程。一天早上,工程部部长里克·潘里里欧(Rick Panlilio)少校拿着信息留言板走进办公室。在那个时候，每天有 30~40 份海军情报送达潜艇。我们将它打印出来，放在信息留言板上并加盖流程图章。阅览过情报的相关人员将在图章上签上自己的姓名首字母。有些情报是常规和行政性的，比如文书要求或守则条令的更改；有些情报是关于具体事务的，比如维修流程的改变或关于某一厂家生产的阀门相关数据的调阅请求；有一些情报是关于潜艇运行方面的，比如潜艇计划表的说明、将要航行的水域情况说明、潜艇作战任务说明。

里克快速地浏览着情报。"这里，请看看这个。"他说。根据常规流程，情报首先会被传给指挥官，然后是副指挥官，接着是指挥系统中的其他长官。通过这种方式，指挥官是第一个知道潜艇计划变更情况的人。这是我们掌控内部情报传达的方法。

许多情报传给指挥官和副指挥官后，指挥官或副指挥官或两人同时对此进行批示，比如"请公开发布这份情报的内容"或"我希望星期五之前看到相关材料"。里克看上去有些沮丧："你看，这份情报是关于情报公开方式的变更。难道他们不认为我们会按照情报里的指示办吗？很多时候，我甚至都还不知道有什么工作需要去完成就已经有人告诉我做某事的规定步骤了。"

"如果此类批示毫无意义可言，就你看来，为什么上级长官还依然认为这是有必要的呢？"

"我是这么认为的。虽然我的看法有可能是错误的，但是我们先进行一些假设，比如有一些报告没有发出去或有一个训练日期发生了变更，可我们不知晓。当检查团队前来审核记录日志并询问以上情况的时候，指挥官可以推托说我告诉他去处理这件事了，然后责怪下属。由于他写了那几行批示并签上了自己的名字，检察团队就会认为指挥官做事尽职尽责并给了他很高的绩效考核分数。但是就我看来，这对于工作毫无帮助，可能还会影响工作的正常进行。领导们的批示不仅是在重复情报内容，而且还反复强调怎样开展工作是对的和每一个步骤应该在何时完成是合理的。"

信息留言板反映出的问题也出现在其他地方。和其他潜艇一样，圣塔菲号每个星期都会停靠码头几次。在码头操场的一次早列队上，船员们以方阵的形式站在军士长和部门长官后面。指挥官、副指挥官和潜艇警卫长站在中间做指示。那天，我宣布我们将进行一次颁奖典礼。看见一些船员获得应得的认可是一件令人高兴的事情。奖项是颁给即将离开潜艇或之前参与潜艇维修的人员。不幸的是，没有军队家属被邀请参加，也没有摄影师，所以我们失去了将他们的成就展现在更多人面前的机会。嘉奖令和勋章的筹备工作也非常匆忙和混乱。我们欢迎了新加入的船员，送别了即将离开的船员。指挥官对这些船员的具体情况并不了解：他们从哪里来、他们将去往哪里。

在典礼进行期间，我在外围走动。我和大多数船员站在一起，完全听不清指挥官的讲话内容。他的声音沙哑且模糊。我问其中一名船员是否能听见，他说听不见，不过没关系，如果指挥官有什么重要指示，军士长将会在稍后的各小组会议上通报。在"领导者—追随者"模式下，这些问题都不重要。

对于这艘潜艇，我最大的感触是我们必须要避免一些问题："酒醉式"嘉奖令、自由散漫的行为、体力训练不达标、标识错误、返工现象和反应堆问题。

尽管有这么多令人挫败的事情，但是船员们仍然以良好的态度完成了工作。

我心里清楚奥林匹亚号并没有想象中那么好，而圣塔菲号也没有想象中那么坏。在圣塔菲号上，我可以感受到一股求强求变的决心。

我以一种实实在在的方式感觉到船员们的痛苦和沮丧。当我清晨来到圣塔菲号上，当我又发现船员的时间和天赋正通过新的途径被浪费和忽略时，我内心五味杂陈。与此同时，我知道船员们的痛苦和沮丧正召唤我要有所行动。借助于对变革的渴望，我将坚定前行。我决定完全扭转圣塔菲号的糟糕表现，我将继续尝试那些在威尔·罗杰斯号上没有成功的领导方式。

我回去找肯尼准将并告诉他我的领导模式是可以奏效的，我们的潜艇将按时被调用。

供你思考的问题

★ 你的组织倡议行动吗？

★ 人们希望改变还是安于现状？

★ 现状是否过于安逸？

★ 是否有一种自满的感觉？

★ 人们行动的动机是保护自己还是优化结果？

★ 在你的组织里，领导模式是掌控所有还是放权？

06
"领导者—追随者"模式

在你的工作地，每天都在发生什么？日复一日，有一个想法在不断地被强化：居高位的人才是领导者，其他人只需要跟随就行。我惊奇地发现这个想法在圣塔菲号上很有"市场"。

1998年12月26日：圣塔菲号，珍珠港，夏威夷 （距离正式任命还有14天）

圣诞假期已经来临，今天是安静的一天。只有基层的值班室是正常工作的。除了从事日常记录，他们不会进行任何维修工作。

我拿着手电筒在潜艇上闲逛，在去轮机舱的路上会经过操控室。操控室负责反应堆和推进装置的运转。这是一个讲究正规手续的地方。任何人，无论你的官阶有多高，都必须获得准许才可入内，海军总司令也不例外。随意进出操控室会对潜艇的安全运行带来负面影响，这是一个巨大的禁忌。

我回想起在预备指挥官培训班上，指导老师给我们看过一张照片。照片上有几个不修边幅的小伙子，他们不仅随心所欲，而且还磕了药（吸食毒品）。更糟糕的是，这张照片在网上被疯传。在照片的背景上，你可以看见反应堆的刻度盘和一些器械。指导老师给我们看这张照片的目的是提醒我们不严格执行流程将会带来多么坏的影响。照片上的那几个小伙子就是圣塔菲号上的船员。

通过之前的照片，我认出了这几位船员。我不确定他们是否知道自己有多么声名狼藉。在轮机舱，我和一名正在值班的海军上士交谈。海军上士比军士长低一个等级，他们是海军的生力军，负责执勤站岗、实地维修和训练基层船员。他们被看作是崭露头角的领导者。

"你好，你在潜艇上是负责什么工作的？"通过提出这样一个开放式的问题，我可以更好地估量船员们对于自己的工作的态度和看法。

"他们吩咐，我照办！"他立刻以一种玩世不恭的态度回答道。他明白自己是一个追随者。虽然他对此并不满意，但是他也不想承担责任。他的回答说明我们的指挥体系出问题了。虽然得出这样的结论是一种冒犯，但这是对于目前的问题最精确的描述。我本应该发怒，可是我却非常冷静，像一名具有科学精神的观察者一样。

"他们吩咐，我照办！"这种态度笼罩着整艘潜艇。我开始以新的视角去看待这些问题。

他们吩咐，我照办！

在某天快要结束的时候，我正坐在副指挥官的办公室与之交流。航行部长官比尔·格林少校走进来询问副指挥官今天是否还有什么事要交代给他。虽然副指挥官被这个问题问得措手不及，但是他告诉比尔说没有。于是比尔便下班回家去了。和潜艇上的其他人一样，比尔随时准备着照办上级的任何指示。

对我来说，这是一个有意思的现象。我问副指挥官核实工作进度是否是日常惯例。他以一种自豪的语气告诉我，他喜欢部门长官与他核实工作进度，这样他可以检查他们还有什么工作没做，确保他们不会在下班之前忽略任何一件重要的事情。不过，他承认，其实部门长官们不会经常与他核实工作进度。

随后，我与所有的长官都讨论了工作核实方面的细节。我发现的问题是，当部门长官向副指挥官核实工作进度的时候，他们的态度表明，是副指挥官全权负责各部门的工作，而不是他们。从心理上看，副指挥官比部门领导更重视工作的完成情况。我认为虽然核实工作进度这个习惯本身是好的，但是应该以一种新的方式进行："副指挥官，今天我快要下班了。关于下周的航行图表绘制工作进展顺利，我们明天可以将大致方案提交给指挥官。虽然今天没能和史密斯军士长进行资格面试，但是我们明天将继续面试。"这种方式表明，真正对本部门的工作负责的是部门长官而非副指挥官。这就是在每个官阶都建立领导力。

在使用这种新方式的时候，部门长官可能会碰到一个新的潜在问题。谁将为这些工作负责？如果你（指挥官）允许我们（部门长官）拥有工作决策权的话，那你不是把自己的职业名誉和职业生涯完全寄托在我们的表现上吗？这难道不是冒险吗？指挥官对于这一后果的担心不也正是新想法很难实施的原因所在吗？

他们的话不无道理。我仔细思考过，我是否愿意接受由他们的决策给自己带来的影响？攻击型潜艇不仅承载着我们的事业，也关系到全体官兵的生死存亡。虽然我会继续负责圣塔菲号的作战表现，但是我希望将具体事务的决策权交给各部门。虽然我感到不安，但是就目前的困境而言，我没有想到别的好办法。况且，圣塔菲号的表现已经处于底部，再坏能坏到哪里去呢？

与之相比，"他们吩咐，我照办"直指一个事实："领导者—追随者"模式是这艘潜艇的根本问题。官阶在指挥官和部门长官之下的船员都选择了关闭自己的大脑，这将给我们带来什么呢？我们的船上有135个人，只有5个人在全身心地运用自己的智能观察、思考和解决问题。我的脑海中瞬间出现这样一个场景：我在马萨诸塞州的康科德市洛厄尔附近长大，那里有许多闲置的纺织厂。我就是这样想象船员们的精神状态的——闲置。

还有另外一件事让我困扰，"他们吩咐，我照办"中的"他们"究竟指谁？难道"他们"指的是我们这些身居高位的人吗？

当我发现"领导者—追随者"模式正影响着我们的处事方式时，我随处可以看见具体案例：我们开展工作的方式、下班之前工作进度的核实、会议设置、信息留言板的传递，以及码头上的船员方阵。

我们过去所做的一切都在强化一种想法：身居高位的人才是领导者，其他的船员都是追随者。圣塔菲号的问题不是缺乏领导力，而是拥有太多错误的领导力——像"领导者—追随者"模式一样的领导力。

我同样也看到了实行"领导者—追随者"模式的后果：操场上船员们的被动性、缺乏首创精神、永远在等待别人、指挥官不在场的情况下长官们的"瘫痪"状态。

我们需要改变这一切。

供你思考的问题

★ 为什么"叫你做什么你就做什么"会如此吸引人？

★ 人们真的希望"他们吩咐，我照办"吗？

★ 如果一张关于公司的照片被发布在网上，它会展现员工的什么？

★ 你的工作流程是否在强化"领导者—追随者"模式？

★ 如果你执行本章中所提及的工作进度核实机制（指挥官提出的），中层干部会做何反应？

07
追求卓越 or 避免犯错

与追求卓越相比,你的组织是否花了更多的精力在规避错误?我们的组织曾经如此。

1999年1月8日:潜艇基地,珍珠港
(距离被调用还有172天)

重新粉刷过的圣塔菲号自豪地停靠在位于珍珠港的海军基地。一月的天气是迷人的:阳光明媚,气温为75华氏度[①],有微风。潜艇的甲板上有一个移动平台,平台上摆着领奖台和4把椅子。我坐在第二把椅子上。我朝码头看去,船员们、家属们和珍珠港的潜艇社区工作人员都坐在帐篷底下。我将在几分钟后正式接管这艘核动

---

① 华氏度=32+摄氏度×1.8,摄氏度=(华氏度-32)÷1.8。——编者注

力潜艇，负责20亿美元的纳税人的拨款和135名船员的生死存亡。我将担负起潜艇随时向敌对势力发起进攻的责任并最终带领船员凯旋。这是一项艰巨的任务。接受检验的日期比我想象中来得更快，我显然还没有完全做好准备。

指挥官的权力和责任在《美国海军条例》（U. S. Navy Regulations）中写得很清楚：

> 一个指挥官的责任是绝对的……虽然在法律框架内，指挥官有自由裁量权，但是将权力下放给下属去完成具体事务绝不能减轻指挥官对于安全、健康和效能方面的事物的主体责任（第0802章）。

放权是特殊情况，不是硬性要求。自美国海军按照英国皇家海军的模子塑造自己的时候起，"绝对责任"一直是美国海军服务的重要一环。如果潜艇在这一刻沉没，我不用负责；如果潜艇在一小时后沉没，我将要负全责。虽然这种对于责任的奇特解读从很多方面来看是吸引人的，但是它也有弊端——前任指挥官不需要负任何责任。因此，就像我之前说的，每一个指挥官的动机都是最大限度地提升他任期内的潜艇表现，而他们对于建立有利于潜艇发展的长效机制却不感兴趣。你可以想象一下，这将对成千上万名海军指挥官的决策造成何种影响。

例如，《美国海军条例》第0851章是关于与敌人作战的规定。指挥官应该进行如下行动：

在进入战争或军事行动之前，如果有可能，指挥官应该将具体作战计划和其他对行动成功有价值的信息传达给各部门长官。

　　只有在指挥官认为可能或有必要的时候才将行动计划告诉即将上战场的下属们，这种说法让人感到吃惊。如果船员们在上战场之前都无从知晓作战计划，战败差不多是板上钉钉的事情。

　　除此之外，这些条例都在描述海军长官们所熟悉的"自上而下""疏远的""领导者—追随者"模式。当我们想起自信和果敢的指挥官英勇地指挥着他的船员浴血奋战时，映入我们脑海的是"领导者—追随者"模式。我们认为这就是好的领导力。

　　当我坐在移动台旁并仔细思考未来的职责时，我回顾着圣塔菲号的过往，并开始对未来进行估量。

　　第一，虽然船员们并不十分清楚究竟该如何改变，但是他们是求变的。当我问船员们我不应该改变什么和哪些方面表现优异的时候，我没有获得很多答复。挫败感、被浪费的时间和前一年的平庸表现都在说服他们进行一些别的尝试。最终，我们将引进一种前所未有的处事方式，这种方式将会一扫他们之前在潜艇上的痛苦。如果没有求变的渴望，让船员们接受一种全新的领导方式是极度困难的。求变的渴望对于我脑海里的变革是必要的。

　　第二，我们有一个能给予我们大力支持的指挥体系。我的上司马克·肯尼准将和美国太平洋舰队潜艇部队指挥官艾尔·科内茨尼少将给予了我所有的支持，当然也给了我"绞死"自己的所有"绳索"。

第一部分　重启

他们都是结果导向型的领导者。只要有证据显示圣塔菲号的表现、战斗效能和船员士气都在提升，他们就不关心或不必知道我们具体是怎么做到的。这对我来说是有利的，因为我不确定我能够清晰地指引我们前进的方向。即使可以，我不确定他们是否会认同我的做法。

第三，我依靠船员去了解潜艇的运行细节的做法，可以阻止我犯老毛病和陷入"领导者—追随者"模式的陷阱。虽然我曾多次产生给予具体实施办法的冲动，但是我不可以这样。虽然我咒骂自己暂时缺乏专业技术知识，但是这也阻止了我犯老毛病。在过去，当我询问一名船员某个东西是如何运行时，我只是假装自己有好奇心，因为实际上我对这件事物的一切了如指掌。如今，当我和潜艇上的船员交谈时，我的好奇是发自内心的。

第四，目前可以肯定的是，船员们正陷入自我强化的恶性循环。粗劣的做法导致错误，错误导致士气低落，士气低落导致缺乏首创精神，并开始采用"只做必须做的事情"的生存模式。为了打破这样一个恶性循环，通过将聚焦点从避免错误转移到追求卓越，我需要彻底改变船员们的日常工作动机。

机制：追求卓越，不只是规避错误

在海军的核潜艇上，我们专注于错误。我们追踪错误、汇报错误并尝试去了解错误发生的原因。美国海军有一种强有力且有效率的军队文化。在这种文化中，我们开诚布公地讨论出现的问题，并讨论如何做得更好。然后，我们根据所发生的错误来评估潜艇。避免发生错误成为船员和领导者的工作焦点。

然而，在圣塔菲号上，"风声鹤唳、草木皆兵"是船员们对于犯错误的普遍态度，不犯错误的"最佳"方式就是不做任何事情或任何决定。就在正式任职的那天，我恍然大悟：虽然聚焦于避免发生错误有助于了解机器运转的流程，也能对即将发生的重大问题防患于未然，但是将其作为一个组织的终极目标会令人感到无力。

你注定是要失败的。无论你多么擅长避免错误，在构造如此复杂的潜艇上，你总是会在某些部位犯错误。虽然你可以降低错误的数量和严重度，但是犯错误的概率绝不可能为零。虽然可能只是一些微小的错误，比如误读计量器的数值或计划表中的两个活动时间发生冲突，但是人总是在犯错误。因此，他们总是为自己感到难过。同样，成功也成了一种负面的东西，成功意味着不允许失败、避免批评和事故。可悲的是，在圣塔菲号上的一个经典笑话是"不受惩罚就是给予你的奖励"。

专注于避免错误让我们与"追求卓越"的目标渐行渐远。只要大家不犯重大失误并做完了工作，任务就完成了。大家也就没必要去追求更高的目标。

我决定改变这种态度。我们的目标是追求卓越而不是减少错误。我们将聚焦于潜艇更加卓越的作战效能，我们将获得伟大的荣耀。

深入细致地了解错误，比如导致错误的原因和需要怎样去规避它们，是追求卓越的一部分。但是这种深入了解不应该是船员们工作时需要考虑的事情。减少错误是我们在追求卓越的道路上的附带利益。卓越不仅仅是贴在墙上的一句人生信条，它是我们在饮食、睡觉等诸多方面的态度。

我的思绪瞬间回到当下。我听见即将卸任的指挥官快要结束他的演讲。伴随着"我来解放你们"的诺言，我站起来并正式成为圣塔菲号的指挥官。我转向肯尼准将并告诉他，作为圣塔菲号的下一任指挥官，我已脱胎换骨。

作为圣塔菲号的指挥官，我说了以下一段话：

  我坚信，美国所享有的人身自由、对人性的尊重和经济的繁荣都将是人类历史上乃至世界历史上独一无二的。

  我坚信，我们所拥有的一切并非与生俱来，而是不间断工作和坚守的结果。

  我坚信，船员们驾驶着潜艇，比如刺尾鱼号（SS-306，唐级）、刺鲅号（SS-238，小鲨鱼级）和石首鱼号（SSN-596，长尾鲨级），从这个码头出发，他们将踏上崇高且富有价值的旅程。

  我坚信，那些不朽的、矗立在礁石以外"巡逻"的先烈不会死于枉然。祖国的未来取决于那些愿意继续致力于崇高且富有价值的旅程的人。因此，我再次郑重声明，我将保卫美国宪法不受任何国内和国际敌对势力的践踏。

  圣塔菲号的船员们，能与你们并肩前行，我感到无比自豪。

　　谢谢。

我坐了下来。

我已经准备好开始工作了。我们距离被调用还有172天。当我看见码头上聚集的军士长和船员的时候,我知道我应该从中坚力量开始着手转变,可以从军士长身上开始转变。

驾驶着潜艇,远离家人长达6个月是一件辛苦的事情。虽然辛苦,但这是一项崇高的事业。这些家伙不会因为掠夺敌舰而大发横财,他们在潜艇上不只是为了自己。恐惧是具有渗透力的,我们必须要扭转这样的局面。

对于船员们来说,将我们的日常工作与更宏大的目标联系在一起是一个牢固的激励因素。这样的联系曾经存在过,现在已经消失了。取而代之的是我所经历过的一些场景:遵循任务清单、对检查人员的阿谀奉承、金玉其外败絮其中,或者专注于"规避错误"的其他变量。

我需要让所有人看到潜艇的最终使命并铭记这是一个崇高的使命。我还想将我们当下的旅程与潜艇部队辉煌的过往和献身于国家事业的精神相联系。当船员们牢记我们正在从事什么和我们为什么而奋斗的时候,他们会为这个目标倾注自己的一切。这与之前"只为不犯错误"的态度和想法是截然不同的。

"追求卓越,不只是规避错误"是"阐明"的领导机制[可以参考西蒙·斯涅克(Simon Sinek)《从为什么开始》(*Start with Why*)一书]。

第一部分　重启

供你思考的问题

★ 你的员工是追求卓越还是仅仅避免犯错?

★ 由于行动有时会造成错误,所以你的组织是规避风险型的吗?

★ 你是否曾让减少错误的目标削弱了首创精神和担当风险所带来的活力?

★ 你是否花了更多时间去批评错误而不是庆祝胜利?

★ 在你工作的地方,你能否鉴别出"规避错误"的具体表现?

★ 当你问人们他们的职责是什么的时候,他们会不会以"减少错误"相关的言论来回复你?

★ 当你检查埋藏在决策背后的标准时,你是否发现规避消极的结果比达成积极的结果更重要?

★ 你认为中层管理者和基层员工的工作动机究竟是什么?

★ 你如何在减少错误的同时又不让错误成为组织唯一的关注点?

第二部分　掌　控

当我领导圣塔菲号的时候，我的焦点是摆脱掌控并将权限分配给军官和船员们。"掌控"指的是做决定，不仅要考虑我们如何行动，还要考虑我们的目标。

在潜艇的内置结构中，情报将通过指挥体系向上传达给决策者们。我们将试图解构决策权并将其下放至情报的"来源地"。我们叫它"不要将情报移动到决策权身边，而将决策权移动到情报身边"。

在这一部分，为了实行"领导者—领导者"模式，我将向你展示一整套首创的领导机制。我将这套机制分为3个板块：掌控、才能和阐明。虽然我最初的重点是"掌控"的再分配，但是借助这3个板块的相互作用形成合力也是有必要的。

- 查找"掌控"的"遗传基因"并改写它。
- 用新的行为举止去开启新的思维模式。
- 简短的初期谈话可以使工作更有效。

- 使用"我计划……"的语气将被动追随者转变为主动领导者。
- 抗拒提供解决方案的冲动。
- 消除"自上而下"的监管体系。
- 将想法说出来(上级和下属)。
- 拥抱检查人员。

08
微调流程

在你的组织中，何种方式能够最好地改变决策权体系？最后我发现，只要你下定决心改变，这个问题将迎刃而解。

1999年1月8日：老潜望镜设施，潜艇基地，珍珠港
（距离被调用还有172天）

那天下午晚些时候，在一个已废弃的二战潜望镜修理设施内，我与圣塔菲号的军士长们开了一场座谈会。如今，这座位于码头附近的两层建筑非常破旧且不起眼。然而，这座建筑里曾经也是人头攒动，技术员在这里打磨和校准美国潜艇的潜望镜。迪克·奥凯恩（Dick O'Kane）、穆什·莫顿（Mush Morton）和吉恩·弗拉基（Gene Fluckey）正是凭借这些潜望镜与日本对抗的。潜望镜维修的

职能部门已经搬迁至一百码[①]之外的更大和更先进的新址里,所以原先的旧址变成了私人休息室。这个房间闷热且不舒适。我们坐在回收的旧家具上,头顶上有吱吱作响的吊式风扇缓慢地转动,微风通过敞开的窗户吹入房内。

如果我从最上层的副指挥官、潜艇警卫长和部门长官开始改变的话,我们将使用一种自上而下的方式去实行自下而上的领导哲学。这本身就是自相矛盾的。除此之外,这样的改变只涉及6个人,其他人并没有广泛参与。从下级军官开始改变也不是一个好的选择,因为他们已经失去了领导的公信力,并且还需要学习关于领导力的更多基础知识。从基层的船员开始改变可能也起不了作用。他们与我之间的距离太远,而且如果没有获得指挥系统的支持,他们的转变行为会受到质疑。所以,我决定从军士长开始改变。

我已经忍受和浪费了数个小时去听取这些关于"携手共进""首创精神"的报告。因为我们不曾有任何机制去真正激活或奖励这些行为,所以报告比保持沉默更糟糕,它们听上去不符合现实且极度虚伪。

我决心解决这个问题。与其去尝试扭转旧的思维模式来改变办事风格,还不如直接遵循新的想法及办事风格。我希望我们可以做到。除此之外,我们也没有时间等待一个酝酿期的开始与结束,我们即刻就要着手去改变。

我不完全确定军士长们对此是否感兴趣。我只是确信,我将获得潜艇警卫长的支持。作为一名高级军官,他有责任给予我来自

---

① 1码等于0.9144米。——译者注

组织的支持。我对于其他军士长的态度就没有那么自信了。武器装备部的高级军士长安迪·沃尔舍科[①]（Andy Worshek）目前正在休病假，我对此深表遗憾。我知道如果他在的话，他将会是我的盟友。我向四周环视，军士长约翰·拉尔森[②]（John Larson）坐在我的对面，他的深思熟虑与敏而好学让我印象深刻。军士长布拉德·詹森[③]（Brad Jensen）与他的部门同事坐在一起，他们可能会支持我。

我很庆幸军士长大卫·斯蒂尔也在团队中。之前的那次谈话后，他回到家中与妻子商量自己职业规划的事情。他们同意给新的领导集体一个机会，因此撤销了调离申请。会议开始时，他的点头示意已经给身边的人带来了积极的影响。

虽然我的手电筒在这个场合派不上用场，但是我依然把它带在了身边。我挥动着手电筒并开始发问："伙计们，我们说在座的各位是海军的中坚力量，在圣塔菲号上是这样的吗？"

"是的！当然！"他们不假思索地回答道。

"果真如此吗？"

"也许吧！"大多数人看着地板给出了第二次回答。很显然，圣塔菲号上的实际情况并不是这样的。

他们第二次的反应是真实的。无论是在海军里还是潜艇上，他们都没有发挥中坚力量的作用。长期以来，军士长们的决策权被严重削弱。出现这种现象的原因既是体制，也是人事。就体制而言，

---

① 声呐高级工程师。——译者注
② 电子工程高级工程师。——译者注
③ 核反应堆高级首席工程师。——译者注

让指挥官对潜艇负全责的期待与给予军士长们决策权去管理事务之间存在冲突。海军上将海曼·里科弗[①]（Hyman Rickover）和他的海军核动力编队以前所未有的安全记录完成了一次非常成功的军事计划。从人事角度而言，海军高度强调指挥官的责任。高级领导干部的选拔和培养至关重要。部门长官负责批准军事行动，部门长官或指挥官负责批准维修计划。只有获得指挥官和其他高级长官的批准，很多计划和改变才可以进行。

这些做法强化了潜艇中的"领导者—追随者"模式。因此，潜艇表现与指挥官的技术水平息息相关。就像我之前提及的，有一些潜艇在某一位指挥官任期内表现优异，在继任者的任期内却表现糟糕。

与此同时，海军的核动力推进项目却没有使用"以少数领导为中心"的模式，而采用了"以工作流程为中心"的模式。在这种模式里，工作流程占主导地位。这种方式对于运行一个核反应堆是非常有效的。在这样一个定义明确且可预测的模式下，训练有素的工作人员只需一丝不苟地按流程工作就行了。如果工作人员不严格按照既定流程工作，不可预测和糟糕的事情就会发生。

但是，这种强调工作流程的做法也会产生愚蠢的效果。我们招募聪慧的工作人员并且认真地给他们做培训，然后告诉他们，最重要的事情就是遵循工作流程。

就驾驶潜艇来对抗敌对势力而言，运用"以工作流程为中心"的方法对于如何使用潜艇和如何发挥船员们的智能都具有一定的

[①] 人称"核动力海军之父"。——译者注

局限性。从本质上看,潜艇的运行机制与反应堆是不一样的。潜艇面对的是懂得思考、策划甚至使诈的聪明对手。它的运行机制更复杂。一板一眼地遵循工作流程是难以让我们完成任务的。此时此刻,我们又回到了"以少数领导为中心"的模式上。

为了扭转"领导者—追随者"模式多年来对军士长决策权的吞噬,圣塔菲号上的军士长必须在我的领导下逆流而上。我想确认的是,他们是否做好了主动承担责任的觉悟。如果让我直接对他们下命令,那将不会有任何积极的改变。为了从"领导者—追随者"模式真正转变为"领导者—领导者"模式,你不可以行使"领导者—追随者"相关的任何规则。

说他们对我的计划持怀疑态度只是一种轻描淡写的说法。当然,虽然他们知道潜艇上的事情可以做得更好,但是圣塔菲号毕竟没有出现碰撞、搁浅或其他重大事故。它的表现真有那么糟糕吗?

除此之外,他们在海军平均服役时间长达15年,他们在其他潜艇上工作时使用的都是"领导者—追随者"模式。真的有更好的方式存在吗?

通过第一个问题,我了解到,他们并不认为自己完全发挥了中坚力量的作用。在此基础上,我问出了第二个问题。

我问他们:"你们想尝试改变吗?"

"是的!当然!"他们不假思索地回答道。

"果真如此吗?"

现在,我们来开诚布公地讨论一下"由军士长们推动潜艇发展"究竟是什么意思。

机制：寻找"掌控"的"遗传基因"并改写它

以下是军士长们所遇到的主要问题清单：

- 低于平均水平的官阶晋升率。
- 冗长的资格认证流程，却没有产生足够多的合格值日人员。
- 潜艇在评估报告上的糟糕表现。
- 一个效果不好的值班时间表。潜艇在左舷与右舷上有很多值班区域，并且左舷有3个不同的值班区域（目的是在航海中从3个区域观察海域情况，停靠海港的时候至少有4个值班区域，这就意味着每个船员有三分之一的概率在值班区域——一般是6小时值班，12小时休息；每隔4天就在左舷值班）。
- 无法计划、掌控和准时开始工作。
- 无法掌控每个小组和内部组员的计划安排表。

在交谈中，我明确表示"由军士长们推动潜艇发展"意味着他们要对自己下属的表现负起责任，而不是坐在自己舒服的办公室里，让部门长官或小组长向指挥官解释为什么会出现差错。后来我把这种特定的现象称为"眼球问责"。这意味着军士长们应该亲自参与大部分事务的运行——潜艇的每次行动和其他具体事务。

听到这些后，我能明显感觉到军士长们的热情减弱了不少。有些人预见到这将会改变他们对于领导职务的固有看法：做一名军士长不再意味着特权与优待，而意味着职责、担当和工作。不是所有人都认为这样的转变一定会带来积极效果。在这次会议上，虽然我们围绕这样一个议题进行了激烈和长时间的讨论，但是我们没有深入探讨关于"军士长的角色应该是怎样的"这样的准哲学问题。我们没有时间做那些准哲学讨论。

会议接近尾声，我们达成的共识是：个人付出与担当将会是具体机制的主题。我想起了吉姆·柯林斯（Jim Collins）和杰里·波勒斯（Jerry Porras）共同撰写的《基业长青》（*Built to Last*）。他们说，虽然每个人的秉性有所不同，但是机制是持续不变的，并且能使组织的变革成果牢固。我继续向圣塔菲号上的军士长们发问："我们应该怎样做才能让军士长们真正推动潜艇发展？"

首先，军士长们希望掌控他们的下属。这就意味着他们可以掌控下属的外出请假申请。有一些军士长对此提出反对意见，他们认为自己已经掌控了下属的外出请假申请。但是当潜艇警卫长和他们都签过字后，仍然需要其余3个长官的签字：小组长官、部门长官和副指挥官。军士长们并没有完全掌控自己的下属。

他们提出了一个解决方案：让潜艇警卫长作为船员们外出请假申请的最终签署人。这是一个不错的想法。我们并不需要使14步[1]的传达程序本身变得更有效，我们只需要删减掉其中6步[2]。而作

---

[1] 直接领导他的海军上士、所在小组的军士长、所在部门军士长、潜艇警卫长、所在小组长官、所在部门长官，最后到副指挥官手上。还要从上往下回传，所以一共14步。——译者注

[2] 在军士长们的计划中，潜艇警卫长是最终签署人，所以后面3个人无须再签，因此总共去掉6步。——译者注

为指挥官，我只需要在潜艇条例中将副指挥官改为潜艇警卫长就行了。他们所给出的解决方案可以达到皆大欢喜的局面。

我不太情愿接受这个解决方案，有几个原因：首先，在我之前的工作中，由于理由不充分，我否决了很多来自军士长的休假计划。由于军士长们知道上级领导更有可能否决过度的休假计划，而自己也想做一个和善的人，所以他们倾向做"好好先生"。其次，我担心下级军官会失去了解人事管理制度的宝贵机会，并且与自己所在的小组失去交流。最后，可能也是最重要的，指挥官没有权限修改条例。潜艇组织条例是海军颁布的，我们没办法修改。

我和军士长们交换了意见并做了深入的讨论。军士长们将亲自对其部下的表现和其他相关事务负责。我同意在当天下午修改管理条例。上任还不到一天，我就已经超越权限了。

这样一个新的行政转变使得军士长们直接掌控其下属的一切具体事务，包括他们的值班表、资格评估表和培训班登记情况。让军士长们掌握值班表是他们掌控休假计划的唯一方式。让军士长们掌握资格评估表是他们掌控值班表的唯一方式。让军士长们掌控休假申请只不过是改变的冰山一角，我们还需要其他方面的配套支持。这种强有力的东西，我们称之为"军士长们的担当意识"。

由于刚才将副指挥官从请假申请流程中剔除，所以导致其丧失了很大一部分权力和责任。为了展示我说干就干的务实作风，我决定将自己的请假申请签署权转移给副指挥官。这和之前军士长们的权力转变前后一致，而且同样超出了我的权限。

虽然我不担心权限问题，但是我担心军士长们的行为。如果军士长们继续充当"好好先生",并且准许所有的请假申请,那么会给指挥官带来巨大损害。然而,我最后发现自己的担心并没有发生。

寻找"掌控"组织的"遗传基因"

在下一次开会时,你可以通过以下练习来提升高层的领导力:

- 找出组织里有关决策权的具体规定的政策文件(你可以在练习之前做好相关准备)。
- 找出组织里将决策权下放给低一级别的具体案例。
- 对于简单的决定,要先想好措辞并阐述决策权将转给谁。在某些情况下,大的决定可能需要被分解。
- 在一张 5×5 英寸[①]的卡片上,让小组的参与者以"当我考虑下放决策权的时候,我担心"为开头完成句子。
- 将这些卡片贴在墙上,让小组成员在休息期间留下个人看法。
- 当小组成员再一次聚集时,分类并排列这些担忧,然后开始攻克它们。

当我做这个练习的时候,我发现大家的担忧主要来源于两个方面:"才能"问题和"阐明"问题。人们担心下一级人员不能做出好的决定,或者他们缺乏对于某个事物的技术能力,或者他们并不了解组织试图完成的目标是什么。这几方面的担忧都可以被解决。

---

① 1英寸等于2.54厘米。——译者注

"查找'遗传基因'并改写它"是"掌控"的一个机制。就改变任何组织或体制的"遗传基因"而言，我们首先应该尽可能放松地下放"掌控"或决策权，然后我们在放松的情况下再多下放一点。这并不是一个"授权计划"，而是以一种更持久、更偏向"本人直接从事"的方式来转变组织掌控决策的方法。

我刚才在前面提到的请假的例子中，签署一份请假申请不需要任何技术能力。面临的障碍是在理解潜艇目标方面，我是否可以完全相信军士长们与我一样清晰明了。我把这个称为"组织上的阐明"，或者就叫"阐明"（我将会在本书第四部分的相关章节中进一步说明）。通过在每一个官阶开诚布公地传达你想要达成的目标，你可以解决"阐明"的问题。

很多授权计划的失败，是因为它们只是空洞的"计划"或"首创"，而从未考究组织运行背后的核心原则或"遗传基因"。你不可以"指挥"授权计划。被"指挥"的授权计划是有瑕疵的，因为它们都是建立在同一个前提下：我有权力且有能力授权给你，而你没有。从本质上来说，这是在剥夺权力。这种内部的自相矛盾导致这些首创注定失败。虽然我们在谈论"授权"，但我们却是以一种"剥夺权力"的方式在"授权"。实际操作远比言辞本身更重要。

从更广义的角度看，这个机制强调我们不需要通过演讲或进行哲学式讨论来作为改变依据。取而代之，我们改变组织做法和工作流程是为了最大限度地改变人生态度。从职业和个人而言，我的目标是实行一个长效机制。在这个机制里，正能量将会嵌入船员们的生活和工作中。所有这一切的发生不依赖于我的个人秉性和领导魅力。

在圣塔菲号的3年间，我多次扩大军士长们的权限。我刚开始给予他们决定下属请假申请的权力。我们需要反复确认和重申的下一件事是在每一次重大变革中，都有一名军士长亲自负责。我要确保无论潜艇面临什么事情，总会有军士长亲自负责让事情正确运转。由于这个机制，我们在所有文书中都附上"军士长亲自负责"。我知道聚焦在由谁亲自"掌控"比用尽所有力气去评估哪里会出错更加重要。这些"军士长亲自负责"的首创为圣塔菲号日后连续七年获得最佳军士长荣誉奠定了基础。

但我发现，仅仅放权是不够的。为了让转变落到实处，我们需要决策者们拥有更高的技术知识水平和对组织目标更清晰的了解。这是因为决策基于一系列标准，包括技术层面的合理性，以及与组织目标的匹配度。在后面的章节中，我将向你介绍"才能"和"阐明"这两根支柱的相关问题。

供你思考的问题

★ 你如何将中层干部从享受特权和优待的人转变为勤勉工作、勇于担当的人？

★ 你如何通过微调流程给予你的中层干部更多的决策权？

★ 当你考虑下放决策权的时候，你担心什么？

★ 作为"领导者—领导者"模式的支持者，你如何显示出"言出必行、说到做到"的诚意？

09
创新的风险

你是否感到不满意并想改变某些组织文化？我们以一种简单的方式解决了这个难题。

1999年1月11日：珍珠港，夏威夷
（距离被调用还有169天）

周一早晨，当军士长们谈论他们新获得的权力时，空气中弥漫着兴奋和喜悦。船员们变得专注了，那天开展工作的时候，他们步态轻盈。亲自负责工作进程的军士长们与从事实际工作（例如阀门排列、维修流程和行动任务）的船员们紧密联系在了一起。他们融为一体，既是工作人员，也是监督指导者。他们有更多的担当和参与度。

军纪也有所改善。过去，有一些基层船员会顶撞军士长（我

们把这种不好的行为称作"耍性子")。由于每一名军士长仅拥有最低限度的权力去掌控基层人员的言行举止,所以不成熟的基层船员就可以随意抱怨而不用承担很高的代价。如今,随着军士长有更多权力,基层船员会控制自己不成熟的做法并勤勤恳恳地完成日常工作。到目前为止一切顺利。

总的来说,大家的情绪是乐观向上的。我们还有很多事情需要去做。我们距离被调用还有 169 天。更紧迫的是,在被调用之前,我们还需要接受一系列越来越复杂的检查。8 天后,我们将接受第一次检查——由我的顶头上司马克·肯尼准将领导。他和中队工作人员将与我们同行 4 天,观摩圣塔菲号的具体操作情况。

我不确定我们是否能做好。我们的知识缺口太大,实际操作太迟钝。我们不可能在一个星期的时间内学习和操作所需要的一切。除此之外,我们还要没日没夜地完成上个月的维修工作、装载补给品、按时准备好图表及行动计划。

除了向中队工作人员展示我们是可以胜任的,我们还需要这场胜利来支撑改革计划,因为并不是所有人都了解这个新的体制是如何运行的。在船员当中,我已经遇到一些质疑者。

我试着了解质疑者的立场。让他们感到困扰的一件事是,新的处事方式与之前完全不一样——无论是圣塔菲号还是其他潜艇。这样一个困扰具体由两部分组成。

第一,军士长中的很多人已经在两艘、三艘,甚至四艘潜艇上服役过。以前从来没有人授权潜艇警卫长为请假申请的最终签署人。更见鬼的是,他们也没听说过类似的传闻。一种从未有人听说过的办事方法果真比在海军实行了近百年的传统方法更好吗？这是一个合法性的问题。

第二，与众不同不仅使人恐慌，也是要付出代价的。即使我们能够证明新处事风格是更好的，我们真的要和海军的其余55艘核动力攻击潜艇的运行机制不一样吗？有几个顾问曾经直截了当地问我是否愿意拿自己的职业生涯冒险。"为什么你不和其他人一样做正常的事情、建立团队意识、执行相关条例、开展培训呢？"他们建议，"如果你的新计划顺利实行，那样最好；但如果事情不顺利，将会有很多人排着队奚落你，'就因为他追求与众不同'。"

可能实行改革计划就像宣称自己是左撇子一样吧，我自己却不觉得这有多么令人恐慌。根据我的过往经历，权力下放有利无害。我依稀记得在翻车鱼号上，当指挥官让我掌控值日团队的时候，我是什么样的感受。它的力量非常强大。我也依稀记得在威尔·罗杰斯号上，我又回到"自上而下"领导模式，这多么令人沮丧啊！

无论对或错，我有责任并将毫不犹豫地做任何我认为对于圣塔菲号、海军及国家最有利的事情。

尽管面临一些质疑，但是有足够多的船员愿意尝试新的方式并对我进行无罪推定。有些人奔走相告并大力支持新的方式。虽然质疑者没有那么积极，但是他们也愿意一试。质疑者终将无法阻挡组织想要变强的大趋势。

早上的军官会议是我与长官们第一次进行实质性交谈。我要求他们取来收件箱里所有的请假申请表，我在会议上收集它们并转交给潜艇警卫长。未被签署的请假申请表数量巨大，这为我们现在正从事的改变提供了客观条件。虽然我针对军士长们已经进行了一次改变，但是我想要让改变渗透到整艘潜艇上。长官们将会与我一起完成这个目标。

机制：用新的行为举止去开启新的思维模式

在之前潜艇周转期的讨论中，我听到长官们想要转变船员们的低迷士气。我们平均投资5万美元招募一名船员，然后再花10万美元训练船员并给予他巨大的海上任务。在圣塔菲号上，几乎没有人在最初服役期结束后选择留下来。1998年，在135名船员中，只有3名选择留下来。国家花了更大的代价培养出来的2名下级军官已经提交了辞呈。

如何快速提升士气呢？发布"文化转变"的命令似乎收效甚微。但是，我们曾经就是这么做的。

我询问长官们，怎样才能知道船员们是否为自己所在的潜艇感到自豪？我们需要关注哪些方面的内容？全场鸦雀无声。很显然，这些长官并不习惯于主动参与会议讨论。我拿起手电筒指向其中一名下级军官。"你先开始讲讲吧。"我命令道。当他讲完后，其他人都自愿表达了个人看法：

- 他们会向家人和朋友夸耀自己所在的潜艇！
- 在通道遇见参观者的时候，他们会看着参观者的眼睛！

- 他们会尽可能多地佩戴印有圣塔菲号字样的帽子！
- 他们会向其他潜艇上的朋友夸耀自己所在的潜艇！
- 他们会从潜艇商店购买印有圣塔菲号字样的打火机、钢笔和别针！

"要不我们鼓励他们进行这些行为怎么样？"我建议。我们鼓励他们以尊敬、真诚和自豪的方式与别人打招呼怎么样？我们可不可以以一种全新的处事方式或交谈方式去影响思维模式？

这个提议引起了热烈讨论。有些人认为这是本末倒置。首先，我们需要营造一个良性的工作氛围，一个给予工作人员尊重和尊严的工作氛围，一个工作人员乐意每天前往的工作地点。随后，员工的行为将会改变并自然而然地提升士气。其他人认为，我们可以先提出一些新的说话或行为方式，然后逐渐笃信之。

我决定尝试用新的行为举止去开启新的思维模式。我们称之为"三名原则"。此原则是这样操作的：当任何船员在潜艇上看见拜访者时（由于下个星期肯尼准将和他的工作团队将会上船进行检查，所以我们以他们为例），他需要用3个名字和拜访者打招呼——拜访者的名字、船员自己的名字和潜艇的名字。例如，"早上好，肯尼准将，我是琼斯军士，欢迎登上圣塔菲号！"

第二天，在码头上，我开始向船员们解释"三名原则"，不过我很快就停止了解释。就像往常一样，船员们站在部门长官和军士长的后面，而且我知道后面的大多数人听不见我说话。"都聚过来。"我挥动手臂喊道。虽然这一行为并不在指挥官守则里，但大家都明白我的目的。船员们都向前走。现在我被一百多名船员簇拥着。虽然这并不是巴顿将军（General Patton）引以为豪的行为，但是这看上去效果更好。虽然长官和军士长们仍然站在前面，但由于我经常与他们沟通，所以我将他们调去了后排。从那一刻起，船员们真正地围在我的身边，而部门长官和军士长们则站在后面。

我继续告知船员们我们需要完成的任务。我们还有7天时间将潜艇组装完好并驶向海洋。我们需要准备鱼雷、储备补给品，以及其他许多待完成的东西。我没有用很长的篇幅去讲述为什么我们需要使用"三名原则"、为什么船员们的时间应该被尊重，以及为什么船员们需要尽职尽责地工作。我只是传达了新的命令，然后去执行。

如何将文化转变嵌入你的组织

初始条件：你需要和领导层进行一次探讨并找出领导层绝大部分人都同意的文化转变。你现在要做的是，在不依赖领导者个人魅力的情况下，将这些文化转变嵌入组织内部。

- 拿一个5×8英寸的卡片，以"我知道我们完成了这个文化转变，如果我看见员工们……"为开头完成句子（这个特定的措辞方式应该让你从笼统和无法评估的答复，比如"人们要有创造力"，转变成具体和可以评估的答复，比如"员工们一个季度呈递至少一个想法。想法应该被张贴出来，并且其他员工可以评论留言"）。
- 5分钟后，将卡片贴在墙上并让大家在休息时间阅读这些卡片。

- 根据回复的内容和数量，你可以给予所有人第二次机会去填写卡片。
- 分类并将答案分出先后顺序。
- 然后讨论如何让这些行为以条文的形式写入组织条例中。比如，执行"三名原则"。
- 最后一步是将新的行为条例恰当地写入组织工作流程的某一具体环节中。

　　如果你正尝试改变员工们的行为举止，大体上看，有两种方式可供选择：改变你的思维方式以带来新的行为举止，或者改变你的行为举止以带来新的思维方式。在圣塔菲号上，我和长官们采用的是后者，用新的行为举止去开启新的思维模式。如果我们没有时间去改变思维模式，使其渗透并最终改变人们的行为，那么我们只需要改变行为。坦白地说，虽然他们最终确实改变了思维模式，但是就当时来看，只要他们以某种特定方式行动，我不在乎他们是否在某个时间点有与众不同的思维方式。我认为虽然有一些船员很可能永远都无法理解我们正在尝试的改变，并且也不愿意转变成"领导者—领导者"模式，但是我们姑且将他们表面上的行为转变看作是对于新领导模式的认可。

　　有一些观察者将圣塔菲号上的士气低落归咎于漫长的工作时间，我却不这么认为。我认为，士气低落与我们聚焦于减少错误而不是追求卓越，以及弥漫在潜艇上的低效能情绪息息相关。

　　圣塔菲号上弥漫的情绪显示我们不是积极的推动者而是受外界事物摆布的被动者。计划表处处与我们作对、零部件没有按时到达、负责人事者没有将合适的工作赋予船员、鱼雷未命中目标是因为"糟糕的运气"。我们总是在责怪外部影响和因素，船员们所展示的则是缺乏集体责任感。这种受害者心态与士气低落紧密相连。执行"三名原则"的一个目的是摆脱"我们是受害者"的心理。从小的范围看，圣塔菲号的船员们正在掌控着各自的命运。

"用新的行为举止去开启新的思维模式"是"掌控"的一种机制。

供你思考的问题

★ 当人们不希望转变一直以来的做事方式的时候，你该如何处理？

★ 在你的组织里，用与众不同的方式来做事有哪些风险？

★ 我们是先行动，然后思考，还是先思考，然后改变我们的行为？

10
信任和默契

在你的组织里,你是否遭遇过"拿一块石头给我"[1]的尴尬。在这种情境里,因为对目标的模糊理解而导致浪费了时间。我们都经历过这个场景,因此我们要改变它。

1999 年 1 月 20 日:珍珠港,夏威夷
(距离被调用还有 160 天)

我已上任 12 天。现在,太阳已落下地平线,我正在圣塔菲号的舰桥[2]上坐立不安地等待着。我正在等待维修设施的许可信息。

---

[1] "Bring me a rock"是西方学界对一种特定领导模式的生动描述,指的是领导者通常在做事情之前并不知道自己究竟要什么,而当事情发展和预期不同的时候,才知道这不是我想要的。——译者注
[2] 潜艇指挥台或指挥塔,它是潜艇的上层建筑。——译者注

维修设施审核是对我们的维修工作进行检查，并决定是否授予我们航行权限。许可信息姗姗来迟是我们自己造成的，因为有几个小的重新测试耽搁了进度，不过这些延误不像之前在威尔·罗杰斯号上的事故那样严重。一旁的拖船也正在被组装，由于我们要花费一些时间，所以不得不推迟一天再出海。按照原计划，我们在迎接马克·肯尼准将和他的团队之前应该还有4天的准备时间，而现在由于特殊情况，只剩下3天。

对讲机中传出噼啪声："指挥官、副指挥官，许可信息已经传达给圣塔菲号。"

舰上总值日官转向我说："指挥官，各部门报告已做好航行准备。请下达航行许可令。"

"准备起航！"我回答道。

拖船将舰首拖离码头，我们静静地滑入航道并向海洋进发。当解开潜艇与海岸和拖船的最后几根绳索时，那一刻的魔力永不消退。

这是一个非常有趣的时刻。当我下达命令时，大事情将要发生。我说："将潜艇沉入海中！"我们就在海里下潜。"加速前进！"潜艇在海里急速上升。"将潜艇调整并保持在潜望镜深度！"通过流程的安全执行，长官们使圣塔菲号紧贴着太平洋海面下方。

与前几个星期的训练形成了鲜明对比，今天的演练情况是令人鼓舞的。除了将潜艇组装起来所涉及的材料问题，我们在实际操作的准备上也遇到了困难。船员们依然聚焦在遵循条例而不是努力使圣塔菲号成为操作状态最佳的潜艇。这和专注于规避错误而不是追求卓越所犯错误相同。一个典型的例子就是航行图表的准备工作。

虽然完美，却不切题

航海图是核动力潜艇执行任务的基础和依据。它充当了地图的作用，图中指示了我们必须要遵循的安全航行路线，在规避浮标、浅滩和其他潜艇的前提下，完成我们的行动目标。在接下来的演练中，我们需要锁定一艘敌方潜艇，监视其活动情况并在命令下达时击沉它。我们知道行动地点位于毛伊岛盆地——在毛伊岛[①]、拉奈岛[②]和莫洛凯岛[③]之间的区域。这一区域有浅滩和不平整的海底，给潜艇航行造成了困难。

航行图表的准备工作包括三个阶段：

第一阶段，军需官负责大型纸质海图并确保海上警卫队发布的"船员通知"里的最新情报在海图上已被标示出来。航行可能还存在其他一些风险，比如从潜艇最近一次穿越相关水域到现在，某个浮标的布置及移动轨迹。除此之外，航行图表的准备工作还必须遵循潜艇部队相关条例，比如标出100英寻[④]的等深线、距离浅水区10英里及距离陆地12英里的地方标出识别点。

---

① 夏威夷群岛的第二大岛。——译者注
② 夏威夷群岛的第六大岛。——译者注
③ 夏威夷群岛的第五大岛。——译者注
④ 测量海洋深度单位，1英寻等于1.8288米。——译者注

第二阶段，在海图中展示我们被分配到的水域。由于潜艇是体形庞大且安静的物体，我们会将它们分配到不一样的水域，便于安全航行，不必担心发生相撞事件。每个水域分区都应该标出深度带、地理带和每天、每周的变更情况。保证这些图表的绝对正确是有必要的，否则你可能会无意间闯入分配给其他潜艇的水域里，产生相撞风险。如果你发现自己正处于这样的状况，就需要紧急将潜艇浮出海面并报告这一情况。

第三阶段，将行动计划整合在图表上。这需要将追踪装置投放在行动所在水域。图表中需要标识圣塔菲号运行的特定航道、速度及深度带。

随后，图表需进行一个艰辛的审核过程，从具体负责海图的军需官、副领航员（航行部副职领导）、领航员（比尔·格林少校，航行部长官）到最终由指挥官审核通过。

为了应对最近在其他潜艇上发生的航行问题，海军颁布决策权扩张指令，要求副指挥官——潜艇的二号人物，也要参与图表的审核工作。为了阻止某事故再次发生，海军通常会在原有工作流程中添加更多步骤。很不幸的是，这些额外的步骤不仅没有避免事故再次发生，反而有时导致事情变得更糟。这就好像在流程的最后阶段添加更多检查人员去评估是否一切顺利一样——这些额外工作完全不会带来任何积极的变化。

随着出海日期临近，我开始变得焦虑不安，因为我还没看到图表。比尔·格林一直和我汇报说图表接近完工。最后在星期天（预计出海时间为星期二），他报告说被审核的图表已准备完毕。

在经历了所有工作流程之后，图表很完美，却不切题。

这些图表是完美的，因为它们遵循了所有的规则和条例。没有检查人员能发现任何一点瑕疵。它们不切题是因为虽然审核团队把潜艇"要去哪里执行作战计划"考虑进来了，但是我知道我们不会采用图纸上所计划的行动路线。

虽然准备这些图表的军需官们知道我们的目的地是毛伊岛盆地，但是他们不知道我们究竟要选择哪条路线到达目的地：莫洛凯岛北部、莫洛凯岛和拉奈岛之间，或者拉奈岛南部。他们是从航行角度给出了更优方案——莫洛凯岛北部。虽然这条路线是开阔水面，并且用时最短，但是这并不是敌方潜艇的航行路线，因此也不是我们需要走的路线。

在审核流程中，没有人注意到这个问题，因为大家的重心都放在了确保图表从航行和工作流程角度来看是正确的，而不是通过图表让圣塔菲号变成实际操作中真正有效的攻击潜艇。简言之，审核程序聚焦在规避错误而不是完成最终任务。

还有另外一个人性倾向也试图阻止我们。通常来说，下属希望给上级领导展示"完美"的成品。不幸的是，这反而妨碍了效率，因为我们为之付出的巨大努力也许只是徒劳。我决定在审核过程的每个阶段，要求领航员或副领航员都和我进行短暂交流。就审核团队而言，他们要克服由于计划的不完整性而受到批评的恐慌心理；就我而言，我需要克制自己的主观臆断。我们把它浓缩成一句格言："远离岩石的一个船舵比靠近岩石的很多个船舵要好得多"。

机制：简短的早期谈话可以使工作更有效

并不是所有人都喜欢这个想法。让指挥官参与图表形成过程不仅会影响我公平公正的判断力，而且会导致我不愿意废弃计划重新开始，因为我是这个过程的一分子。这是一个取舍问题，我愿意承担这些风险，因为我明白我需要与指挥体系的每个官员保持频繁沟通，才能确保他们工作的终极目标是追求卓越。随后，一旦船员们采用卓越运行的新思维方式而不仅仅是规避错误，我将退出图表的绘制过程。

除此之外，还有另一个更本质的问题。图表的绘制存在前后不一致的情况。在一张图表中，100英寻的等深线用了黄、红两种颜色标识。

我们将不同的海图图例运用于不同的图表，并区分每一天。舰上总值日官根据这些图表所提供的信息向正在执行值班任务的年轻军官下达航行命令。黄色在这里表示一个意思，而在那里又变成另外一个意思。我也能想象到在午夜时分，在昏暗的控制室内，值日军官们无法快速整合所需图表信息，因为我们使用的标识颜色前后不一致。这些情况意味着灾难的发生。

我对于审核工作没有聚焦在正确的行动目标上而感到恼火，我本能地想叫来副指挥官并吩咐他做出修改。这样的话，副指挥官会叫比尔·格林做修改，而比尔又会叫约翰·拉尔森军士长和副领航员做修改。虽然我们的做法符合指挥体系，但是距离海上航行仅剩48小时，逐级传达无法使我们按时出海。除此之外，我们的做法将会使"自上而下"的模式长存下去，而这个体系是我尝试摆脱的。

我召集所有主管航海图的军需官来讨论这些事情。我本以为当下级军官被叫来和指挥官一起开会时，他们会感到愤愤不平，因为他们只想把工作做完。不过实际情况和我想的不一样。

我提出了关于图表的看法并阐述了我产生这些看法的理由。其中一名下级军官是一个健壮结实的非裔美国人，他最近开始负责潜艇值班室的工作。我们亲切地称他为"雪橇犬"（Sled Dog），因为他一直在圣塔菲号上工作，直到退伍。如果你在潜艇上遇见他，你可能会猜测他是一名后勤人员而非军需官。

令我惊讶的是，"雪橇犬"立刻活跃起来并提供了建议。很显然，他曾经一直很挫败，并且在"黑暗"中辛勤工作，他现在终于可以发声了。这是一个非常典型的案例，虽然工作人员在技术层面是可以胜任的，但是他不清楚我们正试图完成什么目标。这种无效率的工作方式与我们将要做的事情相互对立，我很庆幸自己拥有这样的洞察力。

当被问及为什么要选择不一样的颜色去标识同样性质的等高线的时候，"雪橇犬"坦然承认，用什么颜色标识图表完全取决于当时手头拥有什么颜色的标识笔。

为了准确传达信息，我希望使用的颜色可以保持前后一致。有人建议，我们可以使用改良版的"国家地理"标识体系：红色阴影部分表示浅水区域，蓝色阴影部分表示深水区域。我们还提出了关于分配水域的标准标识体系。圣塔菲号执行军事演练的水域标识为蓝色；其余潜艇的分配水域标识为黄色；我们与其他潜艇共享却被深度带隔开的水域标识为绿色。当每个舰上总值日官在查看图表时，他们可以快速做出判断：如果是蓝色，圣塔菲号就拥有这片水域；如果是黄色，我们就必须要远离这片水域；如果是绿色，我们就必须要保持在特定的深度带内航行。这是有用的，因为采用有效率的符号学和颜色识别习惯，可以将脑海中更广泛的知觉利用起来。这完全依赖于你已经知晓的信息。

我们尝试改变，并且在他们对于以上变化达成共识后，比尔·格林将我们新的工作流程写入《标准作战规定》。这是高效的航行操作和战斗效能的开端。

简短的早期谈话是"掌控"的一个机制，因为这种形式的谈话并不包括我告诉他们要做什么。每一次简短的早期谈话都给船员们提供了获取早期反馈意见的机会，反馈内容是针对他们如何解决问题。这可以使船员们对于解决办法有一定的"掌控"能力。除此之外，这些简短的早期谈话也让船员们对于我们想要完成的目标有更清晰的认识。虽然大多数谈话只持续30秒，却可以节约数小时的时间。

毫无疑问，对于一个组织来说，指挥官的时间和精力是十分宝贵的，等级制度就是用来保护这些宝贵的时间和精力的。对我来说，我是否在有效使用时间是显而易见的。但是，组织内所有工作人员是否在有效使用时间就不那么显而易见了。在我的组织里，即使我与船员们的时间所产生的价值是有差别的，但船员们工作的低效率问题比我作为指挥官获得极高时间利用率的情况更值得关注。

除此之外，上级领导必须认识到：期待第一次看到的就是最完美成品的此种心态会导致整个组织浪费巨大的时间精力并产生挫败感。甚至一个 30 秒的早期审核都可以为工作人员节约数小时的工作时长。很多次，当我在潜艇上巡视并询问某人，"给我展示一下你的工作情况"的时候，我发现下属们心存善意却误读领导意图的行为是人力资源的巨大浪费。

你不相信我吗？

当我们试图在工作流程更早阶段进行这些简短谈话时，我们遇到了有关信任的问题。我听到士官们抱怨指挥官"完全不相信他们"，并且有时，他们会当面和我抱怨。在很长一段时间里，这个问题都困扰着我，因为我实际上是信任他们的，但是我不知道如何回答船员们的质疑。我随后意识到，我和船员们谈论的是两个完全不同的概念。

信任应该这样理解：当你报告说我们的潜艇应该沿着某个方向航行，你是对你的报告深信不疑的。"不相信你"的意思是我认为你可能报告的是某个信息，然而你的内心深处相信的是其他信息。信任仅仅是人类关系中的一种特征，而"你的看法是否最有利于圣塔菲号"实际上是完全不同的一个问题。对于圣塔菲号的最优策略，我们所应该考虑的是敌方潜艇的物理特性、时机、距离和动向，这些是战争世界的特征，与信任毫无关系。

供你思考的问题

★ 为了确保计划正常运行,你如何处理部分员工不愿意与你进行简短谈话的问题?

★ 在你的组织中,内部信任度如何?

★ 你的员工是否花费了时间和财富去创造无瑕疵却不切题的图表和报告?

★ 你如何利用普遍事实使员工更容易获得更有价值的信息?

★ 你是否曾试图了解某些现象背后的原因(比如,"雪橇犬"坦然承认用什么颜色的标识曲线图表完全取决于当时手头有什么颜色的标识笔)?

11
我计划……

在你的组织中，高级管理者和员工的工作积极性如何？改变我们说话的方式可以显著改善工作积极性。

1999年1月21日：珍珠港，夏威夷
（距离被调用还有159天）

"报告指挥值班室、操控室，反应堆停止运转！"反应堆已经关闭。工程师故意将关闭程序输入反应堆，检测其部门发现并修复模拟故障的能力。

距离我们迎接马克·肯尼准将还有4天时间。在此期间，为了恢复潜艇的航行能力，我们的日程计划中塞满了训练、合格检验、射击训练和鱼雷装载演练。检查团队登艇之后，我们将搜寻一艘驶向毛伊岛的敌方潜艇，在那里我们将向一切指定目标发射鱼雷。虽

然这是一次有趣的演练，但是我对于潜艇的实际表现感到紧张不安。这是我们的首次大型演练。

"接受检查的心态"是士气杀手。这种心态只关注于下一次检查。虽然很多潜艇都投入了精力，但为了在下一次检查中表现优异，有些潜艇"接受检查的心态"过重。检查内容主要分为两类：一类叫核反应堆运行安全措施检查（ORSE），这是针对推进装置的测验，主要进行工程演练；另一类叫战术准备评估（TRE），这是针对航行测验和导弹及鱼雷发射测验，主要进行航行相关的演练。在圣塔菲号上，以优异的表现完成检查是追求卓越的自然结果，而不是一个目标。运行和战术层面的卓越，以及随时准备为国家服务的决心才是最重要的。如果我们是卓越的并时刻做好准备，顺利通过检查完成不在话下。

我们正打算进行战术演练，武器装备部长官大卫·亚当斯上尉顺理成章地在训练计划表里塞满了武器与战术演练。工程部里克·潘里里欧少校想进行工程演练。这对我来说是一个不错的想法，因为我们两方面的能力都需要演练：战术方面和推进装置方面。我很庆幸，我同意将工程演练囊括进来，因为对于我和圣塔菲号的未来，这都是受益无穷的。

工程演练的流程很简单。总工程师将存在模拟故障的核反应堆关闭。工程部将通过故障排解锁定故障，进行必要维修并重启反应堆装置。由于反应堆关闭，我们将由蒸汽驱动的主推进装置转换为小型电力推进装置。虽然电力推进装置只能低速推进潜艇运行，但是如果主推进装置不能使用，用此装置将我们送回基地也足够了。

我们正在为工程演练做准备。我在位于潜艇前部的控制室观察舰上总值日官和潜艇值班人员。在轮机舱内，里克和他的演练团队正在做相关准备。当反应堆关闭时，演练正式开始。

舰上总值日官比尔·格林少校是部门高级长官。他目前的操作都是对的。为了保持潜艇推进器的正常运行，我们已经将主推进装置转换为辅助的电力推进装置。为了使用柴油机发电并保持蓄电池的充电状态直到反应堆重新启动，潜艇慢慢上浮。在核电子技术人员漫长的故障排解期间，我有些无聊，摆弄起了手电筒，将其打开又关上。演练进行得过于顺利，我不能让船员们认为我是一名温柔友善的指挥官。

我与比尔商量并决议将电力推进装置的转速由 1/3 提升到 2/3，增加核反应堆工作人员的焦虑度。电力推进装置转速的提升导致电池放电速率加快，从而给故障排解人员造成更大的压力，因为他们需要更快地解决故障。当转速达到 2/3 的时候，电池的安培计上会持续不断地发出"嘀嗒"声。有一个发声的装置一直提示你快到时间了，这会让人紧张不安。

"加速至 2/3。"比尔命令道。

什么也没发生。

掌舵人员本应该执行 2/3 转速的指令，但是我看见他在座位上局促不安。没有任何人说话，尴尬的气氛持续了几秒。我敏锐地意识到指令并没有被执行，我询问掌舵人员发生了什么事。虽然他正面对着他的控制板，但是他越过肩膀向我报告："指挥官，电力推进装置上没有 2/3 转速！"

第二部分　掌控

现在我来为自己找个借口。就像我在前面章节所提到的，我从来没有在洛杉矶级潜艇服役过，而之前我服役过的每一艘潜艇的电力推进装置上都有1/3和2/3转速。虽然我确信在针对洛杉矶级潜艇的培训班上介绍过，只是我没有留意到这个不同点，于是我盲目地求助了自己过往的经验。

我称赞了掌舵人员并找来比尔。在控制室的一个角落里，我问他是否知道圣塔菲号的电力推进装置上没有2/3转速。

"是的，指挥官，我知道。"

"那你为什么还下达这个命令？"我震惊地问。

"因为你命令我这样做的。"

"什么？"

"我以为你在预备指挥官培训班上掌握了一些我们不知晓的军事机密。"

他非常诚实。当我给出这个命令时，我又将船员们带回到了"自上而下""命令与掌控"的领导模式。我的舰上总值日官的回答再一次给我敲响了警钟，在像潜艇这样复杂性如此之高的地方，"自上而下"的领导模式将会造成多大的危险。当领导决策失误时，"自上而下"的组织文化会将我们带向何方？每个人都将走向悬崖。自此以后，我乞求自己不要直接下达任何命令。我将引以为戒，闭上自己的嘴巴。

这件事让我想起了早年在翻车鱼号上担任舰上总值日官的一件事。当时我向指挥官请求行动权限，指挥官责备我并激动地询问"你和我说说你的计划"。从那以后，我开始改变自己的措辞方式，

"指挥官，我计划……"。指挥官给予了我支持。

这就是我希望在圣塔菲号上尝试的东西。这个习惯不局限在值班室内，也不只是针对长官们，它应该适用于船员们并渗透到我们的做事方式中。我应避免直接下达命令，长官们以"我计划……"来陈述他们的计划，我会说"非常好"。然后每个人开始执行他的计划。

机制：使用"我计划……"的语气将被动追随者转变为主动领导者

"我计划……"是"掌控"的一个强有力的机制。虽然这听上去像是在使用语言技巧，但是我们发现这个小转变将计划的负责权限转移给了长官们。

"我计划……"并不需要花很长时间去理解。长官和船员们都很喜欢它。讽刺的是，这个新机制对我产生了不便。我担心在我睡觉时，某人和我说"我计划……"，这种情况下我没有被完全告知或没有完全了解发生了什么。所以，我规定"我计划……"只有在我头脑清醒的时候才可使用。除此之外，没有限制。

一年之后，我和史蒂芬·柯维博士[1]一同站在圣塔菲号的舰桥上。他听说了圣塔菲号上发生的事情并希望可以上艇观摩。马

---

[1] 美国著名的管理学大师。曾被美国《时代周刊》誉为"思想巨匠""人类潜能的导师"，并入选"影响美国历史进程的25位人物"之一。——译者注

克·肯尼准将促成了这次同行。这时,船员们已经完全支持我对于"掌控"的那些首创方法,并且"我计划……"的使用已随处可见。那一整天里,长官们都用"我计划……"向我报告。

"指挥官,我计划让潜艇下潜。我们正在所属水域航行,水深已核查完毕,预计水深 400 英尺。所有船员都准备待命,潜艇准备下潜,我已经批准了值班团队。"

"非常好。"

柯维博士对潜艇的运行流程非常感兴趣。对每一个来圣塔菲号报到的长官和士官,我都会送给他们一本柯维博士编写的《高效能人士的七个习惯》(*The 7 Habits of Highly Effective People*)。我们将他书里的很多想法运用到组织里并获得了巨大成功。

语言的力量

让你的团队变得更积极主动的关键在于下级和上级使用的语言。下面是被动追随者使用的"被剥夺权力的短语":

- 请求获得……的许可权限
- 我想要……
- 关于……的事情,我应该怎么做?
- 你认为我们应该……
- 我们可不可以……

下面是主动领导者使用的"授权短语"：

- 我计划……
- 关于……，我计划……
- 我将会……
- 我们将会……

关于"授权话语"的价值，有兴趣的读者可以参考史蒂芬·柯维博士的《高效能人士的第八个习惯》(*The 8th Habit*)。我们将这个概念扩展了。

通常，我不会只说"非常好"。给出的计划还存在关于安全性和适宜性方面的诸多未解答的问题，所以我发现自己还会问很多问题。

有一天，我克制住问出脑海中的那些具体问题的冲动，询问舰上总值日官：当他说出"我计划下潜"这句话时，他认为我脑海里在考虑什么？

"指挥官，我认为你应该正在考虑下潜计划是否安全和适宜。"

"说得非常正确。那你为什么不告诉我下潜计划是安全且适宜的理论依据呢？然后我只需要说'非常好'就行了。"

从那以后，长官们的目标是要给我一份具体报告以便我只需要授权就可以了。以前，虽然他们会提供一些信息，但不是所有。很多时候，他们有所有问题的答案，但是他们不愿意说出来。现在，长官们会向我展示完整的思维过程并对他们的计划进行可行性分析。

这个简单的扩展带来的益处是长官们都必须站在比自己官阶更高一级的角度去思考问题，无论是舰上总值日官还是指挥体系的其他人。实际上，通过阐明他们的计划，长官和船员的做事方式也将比自己的官阶更高一级。我们不需要额外实行领导力发展计划，因为我们运行潜艇的方式本身就是领导力发展计划。过去十年间，圣塔菲号上获得晋升的长官和船员人数多得不成比例。我将这一现象归功于"我计划……"流程。

后来，我有机会和一名曾经教授预备指挥官培训班的老师交谈。他对于培训班上很多学员在决策力上的无能感到挫败。他说，虽然这些长官来自"表现良好的潜艇"，但是他们的决策力是瘫痪级别的。我对于他将那些潜艇列为"表现良好的潜艇"的说法不是很赞同。因为"表现优异的潜艇"指的是在我们的印象里没有出过问题的潜艇。但是这个目标是通过一个"自上而下""领导者—追随者"模式完成的。在这个模式下，是由指挥官而不是位于指挥系统第二等级的长官们做出决断。除此之外，指挥官也没有充分地参与其中并磨炼他的副指挥官。

这显示了我们对以"人格魅力"为主导的领导体系的信任程度并欣然接受了其体系的局限性。虽然就规避问题上而言，它们可能是"表现好的潜艇"，但是它们肯定不具备良好的领导力。

为什么我要命令领航员将电力推进装置的转速由1/3提升到2/3呢？作为一名核潜艇指挥官可能都比较喜欢急速行进。你下达命令，人们执行，反应堆产生更大的动能，潜艇贴着海面航行。你想要更多，你下达更多命令，你的掌控力更大。虽然这对于领导者是一个极具吸引力的行为，但是这是削弱并耗尽追随者力量的做法。

供你思考的问题

★ 当我们本应该给予决策权的时候，是什么导致我们收紧决策权？

★ 你能否回想起最近发生的一件事，你的下属遵循你的命令，只因为他认为你可能掌握了一些只有高层才知道的机密信息？

★ 在组织里，什么将是你实行"我计划……"最大的阻碍？

★ 在组织里，你的中层干部能否思考并阐明他们所主张的下一个大计划的理论依据？

12
计划先行

你是否喜欢帮助人们获得正确答案？我曾经也是如此，而且还让事情变得更糟糕。

1999年1月27日：珍珠港，夏威夷
（距离被调用还有153天）

在一艘潜艇上，海图桌可以算是一个拥挤的地方，因为大卫·亚当斯上尉、比尔·格林少校、副指挥官、约翰·拉尔森军士长和我都聚集在桌子四周。我们甚至把"雪橇犬"军需官挤出了海图桌。

敌方潜艇在哪里？我浏览着图表。我认为他们有可能前往毛伊盆地附近的拥挤水域。

"这里，我们必须清晨6点到达这里。"我用手电筒的筒把轻轻

敲打着图表上毛伊盆地的某个地点。如果敌方潜艇果真前往那片拥挤水域，从这一水域再往上，有一片更深、更安静的水域，我们将在这里发动攻击。

现在是午夜时分。我已非常疲惫，需要睡几个小时。我们已经在珍珠港迎接了马克·肯尼准将和他的检查团队。虽然潜艇现在一切正常，但是我感觉需要我立即出现的地方有很多。为了计划顺利执行，午夜值班人员必须将圣塔菲号开入预定地点，此时必须考虑敌方潜艇的运动轨迹、海上交通的干扰、风况、海情及其他一些因素。

我环顾一圈，大家都频频点头。有任何问题吗？没有。"好的，如果出现任何阻碍计划执行或可能导致我们重新评估计划的情况，及时向我报告。"

我本应该采用更加开明的方式进行讨论，讨论为什么我有此种主张，以及我的主张需要具备的前提条件是什么。虽然这是我想做的，但是我没有更多的时间和精力。每一天，我似乎都在坚持开明的讨论方式。这是很辛苦的。虽然我尽量保持安静并让长官们以"我计划……"的方式行事，但是"自上而下"的模式是如此根深蒂固，以至于我们时不时就有被"复辟"的危险。

1999 年 1 月 28 日：圣塔菲号上
（距离被调用还有 152 天）

当我早晨 5 点起床时，我沮丧地发现我们离预定地点还有几英里。不仅如此，我们的航行方向也出现了误差，与敌方潜艇南辕北辙。现在敌方潜艇可能已经比我们先到达预定地点！虽然在一次演练中，一个战术错误仅会导致令人沮丧的检查结果，但在真实的战争中，这将会导致死亡。潜望团队被一些不充分的交流和航行信息所影响而不是让潜艇驶向最佳的战略地点。我们仍然在被动地应付发生的事情而不是主动地让对我们有利的事情发生。

肯尼准将待在控制室，观察着我们团队的交流情况。虽然我很恼怒，但我还是保持着冷静。我意识到错误是由我造成的。我们不可能一夜之间就从"自上而下"转变成"自下而上"。

我的第一反应是应该更谨慎地管理一切事物——"我本应该3点钟起来查看"，但是这将把我拖回到与威尔·罗杰斯号的相同情境中。一定有另一种方法可以解决这个问题。通过反思，我认为在如此复杂且不可预知的世界里，仅仅给出一个指令"我们必须6点钟到那里"而不阐述背后的思考过程是起不了作用的。没有捷径可走。由于"掌控"的程度不像以前那么集中，所以整个团队对于组织目标的清楚了解和高度一致变得越来越重要。在这件事里，虽然我交代了要完成的目标（一个积极的目标），但是团队的思维模式依旧是以规避问题为终极目标（在这一个事情中，为了阻止被敌方潜艇反侦察而规避沟通，将相撞的风险降到最低）。就打击敌人来说，一次正确的风险与收获的评估应该更加专注于将潜艇驶向最优的战略预定地点，而不是避免交流。

在接下来的数小时中，我们致力于选定一个更好的战略地点。我们取得了不错的进展，为了规避渔船和搁浅，潜艇必须往回走。

圣塔菲号在浅水区以潜望镜深度航行，所以每个转弯都要花几分钟的时间。潜艇航行得比较缓慢。

"到达预定区域。"舰上总值日官拉响按铃，液压装置将潜望镜上升18英尺并达到其上升的最高点。

圣塔菲号在海平面之下潜伏着。潜望镜伸出的距离增加了，在海平面上能看见2英尺的短杆。但今天海平面平稳，即使我们的航速缓慢，我们的潜望镜依旧能被看见。我们将潜望镜伸出水面几秒，快速查看周围的情况并再一次潜入海里。

与敌方柴油潜艇的"猫抓老鼠"游戏已经进入最后阶段。这场模拟战争的高潮时刻就是圣塔菲号被授权击沉目标的那一刻。

敌方选取这个水域是有意为之的。浅水区不平坦的海底削弱了鱼雷的效能。为了确保击中目标，我们需要准确知道敌方的所在位置。

达到这个目标最好的方法就是真切地看到敌方潜艇，这也是为什么我们保持潜望镜深度，就是为了用肉眼找寻敌方潜艇。为了完成这个任务，控制室里有超过20个人，而控制室的大小大概只有一间常规星巴克大小的一半。

我们采用Mk48 ADCAP[①]。这是潜艇进行反潜和反舰的一种毁灭性武器。我们发射一枚鱼雷去截获敌方潜艇，就像猎人截获水中的鸭子一样。除此之外，鱼雷自身具备声呐系统，用于精确寻找需要被截获的目标。鱼雷的尾部装有通信系统，通信系统与潜艇连

---

① Mk48重型鱼雷，Mk48 ADCAP是先进性能版，在具有较强的目标识别能力的MK–48–5型的基础上进行改良，增加了全数字制导和控制处理器。——译者注

接，让我们可以看到从鱼雷发回的影像并将指令通过通信系统传输给鱼雷，重新修正鱼雷的攻击位置。

"瞄准！"处在浮标和薄雾之间，以夏威夷群岛作为背景幕布，舰上总值日官看见了敌方潜望镜并立即降低了我方潜望镜。如果我们可以看见它，它也能看见我们。

"指挥官，我建议开启发射流程！"大卫·亚当斯催促我下达攻击指令，我很喜欢这个想法。作为武器部长官，他知道我们已经拥有成功发射的所有条件：武器已经装载完毕，并且在鱼雷管里待命，只待目标的精确定位和交战授权。如果等待更多精确的信息将会留给对手更多的时间去发现我们。

"非常好，武器部长。"我想认可他的首创。

我下达攻击命令。"发射流程开启，潜艇。一号管为主，二号管为辅。"

我擦了擦额头上的汗珠。

当武器部长官助理们报告发射工作准备完毕后，将会伴随一段标准的发射流程陈述。然而，我接下来听到的内容并不是陈述的一部分。

"请求升起 BRA-34 综合无线电系统接收播报信息。"

什么？升起无线电天线？

我们的 12 小时播报周期快结束了，现在到了我们接收播报信息的时候了。我们一直没有升起这个无线电天线，因为它的出水高度比潜望镜更高，并且接收工作需要持续几分钟，导致圣塔菲号被发现的概率增加。

第二部分 掌控

我克制住自己愤怒的冲动，看了一眼肯尼准将，他正站在控制室旁边。他微微一笑，就好像这个难题是他们故意用来考验我的一样。很明显，他的无线电监察员已经告诉他，我们接收信息已经接近12个小时，接收播报信息的截止时间可能刚好在一个最不恰当的时机。

如果我指着图表给船员们提出解决方案，只会把事情变得更糟。我剥夺了他们思考的机会和义务。

这个时候，我非常想大声下达命令，但我只能盯着自己的鞋子喃喃自语，"我们不能这样""我们必须找到另外一个解决方案"。即使我们失去了攻击的最好时机，我也需要潜艇上的每个人去思考。

我等了几秒。我的等待获得了回报。

部门长官们开始了一个快速讨论。我抑制住说任何话语的冲动，并且保持安静。时间一分一秒地流逝，敌方潜艇方位的不确定性越来越高。有人指出，如果我们先击沉敌方潜艇，我们需要通过无线电报告这个消息。当我们用无线电报告战况时，可以同时接收播报信息。顺便说一下，到那时，旁边没有任何东西会反侦察我们。

"指挥官，我建议继续攻击指令！"

就这样！

"终极定位并发射！"潜望镜伸出来。这一次我操作着潜望镜。我将潜望镜对准敌方潜艇并按下锁定按钮，将准确的定位信息发送给电脑并计算截获轨道。

"设置完成！"位置已经输入，等待计算结果更新并传送给鱼雷。

"发射！"大卫·亚当斯命令道。按照流程，应当是我下令"终极定位并发射"时，武器部部长下令"摁下鱼雷发射"按钮。

嗖的一声！当高压水将 Mk48 重型鱼雷从一号管弹出时，我们感到控制室在震动。鱼雷推动装置启动并飞向了预定轨道。

"鱼雷单位运行正常，通信系统良好！"

"鱼雷单位已经并入打击目标方位。"

正常的报告不间断地传给我们。

现在我们等待着。我们的鱼雷正飞向敌方所在位置并发动攻击。如果一切顺利，鱼雷可以在脉冲信号的前几个波段看见目标位置并瞄准目标。

"发现目标！"鱼雷看见了敌方目标。我们审核鱼雷的实际位置与敌方潜艇预定位置的误差。我们将更新后的敌方位置传达给鱼雷。

"捕获目标！"我们击沉了敌方目标！

此时响起了巨大的爆炸声。（爆炸声由检查人员模拟。爆炸声意味着我们的鱼雷成功击沉敌方潜艇）。

控制室发出一片喝彩声。我们取得了第一次成功！

机制：克制提供解决方案的冲动

我反思刚刚发生的一切，并且意识到新的模式会让大家感到辛苦，而且会花费更多时间，但我还是应该让长官们去思考并解决问题。

紧急情况需要快速决策和清晰明确的指令，没有时间进行大范围的讨论。然而，大多数的情况不需要立即做出决定。你有时间让船员们仔细考虑，但是我们依旧采用了发布紧急命令的危机模式，火力全开地下达命令。"克制提供解决方案的冲动"是"掌控"的一个机制。当你遵循"领导者—领导者"模式，你必须要给其他人足够的时间对情况做出反应。你必须要给整个团队创造开明决策的时间、空间，即使时间只有几分钟甚至几秒。这比"领导者—追随者"模式更具挑战性，因为这需要你对决策具有前瞻性，并且需要你不断提醒团队保持他们对决策的前瞻性。在一个"自上而下"的等级制度下，下属不需要前瞻性思考，上级已经在必要时做出了决策。

"自上而下"模式的顽疾是很难从根本上攻破的，对我的团队和我都一样。在我指挥圣塔菲号的初期，我们使用训练模拟器进行鱼雷发射演练。我和大约30名射击指挥组的成员在一起。演练之前，我告诉他们除非有人向我建议，我将不会给出任何指令。结果我们直线行驶了30分钟，因为他们都认为我会下达转弯命令。这是令人挫败的。

你的组织曾经有多少次需要决定的事务都是被临时通知的？如果这种情况经常发生，你拥有的是一个每况愈下的被动性组织。当事务没有被预见，团队将没有足够的时间去思考它们，那么上司就必须做一个迅速的决定，而团队和其他人却没有得到任何锻炼。没有任何人有足够的时间考虑事务。

你需要打破这样一个循环。以下一些方法可以帮助团队开启思考模式：

- 如果是一个需要立即做出的决定，先由你做出决定，然后让你的团队扮演站在决定对立面的"红队"并评估决定的可行性。
- 如果做出决定的时限还算充裕，请求团队先给出意见和建议，然后做出决定。
- 如果做决定的时限允许往后拖延，要求团队一定要给出意见和建议。不要强迫团队草率达成共识，因为这样会粉饰不同的观点及反对票。珍惜不同的意见。如果所有人都和你想法一样，那你也不需要他们了。

供你思考的问题

★ "自上而下""领导者—追随者"模式在你的组织运行中到底有多么根深蒂固？

★ 你是否能识别出"需要克制自己提供解决方案的冲动"的场景？

★ 当问题出现的时候，你是否认为你只需要将所有的事情管理得更仔细就可以了？

★ 在你与高管的下次会议上，你应该如何为整个团队创造一个更开明的决策空间？

13
监管体系并非都重要

你是否无意间发出过削弱下属拥有权和责任感的信息呢？我们曾经就是如此。

1999年1月28日：在圣塔菲号上
（距离被调用还有152天）

除了观察圣塔菲号的战术执行情况，检查团队还查看了行政事务。在行政事务当中，他们检查出圣塔菲号未对上级机关（第七中队、太平洋舰队潜艇部队和维修设施）的一些情报做出回复。虽然我不满意，但是我不想将注意力从鱼雷和导弹发射演练转移到别的事物中。当所有事情告一段落，我询问副指挥官关于未回复情报的事情。他拿来一个备忘录——一个3英寸厚的活页夹。活页夹由他的部下负责，里面包含接收到的所有情报，我们按照部门和回复截止日期对其进行分类。副指挥官在备忘录里搜索着并自豪地说，我们显然是掌握这份情报的，并且对未回复的状态也是知晓的。

所以，我们的系统只关注状态变更，却不关注工作是否真正完成。很不幸的是，每个人太忙而没有时间去查看备忘录。实际上，备忘录一直被放在副指挥官办公室的存物柜里。和其他的潜艇一样，我们每周都会有几次"备忘录会议"。会议上，部门主要负责人花1小时甚至更多的时间在军官室一页一页地浏览备忘录。当然，这个行为并不会对完成工作起到作用——只是记录我们要做什么、哪些事情做得不足。以上做法占用了我们大量且宝贵的监管时间。

然而，这就是我们一直在使用的方法。

拥有一个备忘录并不是硬性要求，把工作踏踏实实完成才是硬道理。而"领导者—追随者"模式下的情况是：很久以前，有人教导我们一定要尽早养成使用备忘录的习惯。然后，这些备忘录就被看作是管理工作的必备神器。而这种方法背后所传达的信息却并不那么有用；它是"自上而下""领导者—追随者"模式的一种具体表现。它限制职权、首创精神、创造力、个人工作满意度并最终限制整个团队的满意度。

从本质上看，这个备忘录流程传达了以下信息：我们会持续追踪并监管你和你的工作表现，并强迫你保持恰当的工作表现。

这将削弱一条更有威力的信息：你要对你的工作负责。

下一次"备忘录会议"即将到来，我准备参加会议。

我抑制住自己进入微观管理模式的本能冲动。因为那是错误的方向。我们怎样扭转这个错误的方向并强化我所倡导的核心宗旨：部门长官而不是副指挥官对他们的部门事务负责？

我们共同探讨备忘录流程对其他潜艇和我们曾经共事或领导过的工作人员产生过的效果。我们的过往经历可以分为如下几类：

- 有一些指令没有完整地展现在备忘录上，并且什么都没完成。他们甚至不知道还有什么工作没做，所以在完成任务方面习惯性延误。
- 其他一些指令记录在备忘录上。虽然他们知道自己还有什么工作没做，但是他们并没有高效地完成工作。这种情况是效率最低的，因为工作实际完成度与备忘录流程所花的经历的比值是最低的。我们曾经如此。
- 还有一些指令的执行"非常有效"。指令记录在备忘录上，知道什么工作没做，并且将工作完成。这种情况是适度有效的，因为工作完成了，但是维持备忘录流程和开那些监管会议所耗费的成本依旧很高。

我们决定发明一种更有效率的、全新的办事方式。

机制：消除"自上而下"的监管体系

我回顾了实验效果甚佳的核实工作进度方案[①]。现在，当部门长官与副指挥官核实工作进度的时候，他们都会告诉他正在进行哪些事务、哪些事务还没有干，以及哪些事务需要其他帮助。这是一个

---

① 第6章提及。——译者注

"自下而上"的对话过程。我们为什么不以同样的方式改变备忘录的管理工作呢?

我们正是这样讨论的。

"武器装备部部长,谁应该为你的部门负责?"

"是我,长官。"

"不是副指挥官吗?"

"不是。"

"那为什么副指挥官要花时间帮你保管备忘录,并且让你们所有人都列席这些令人痛苦的'备忘录会议'呢?"

"他确实不应该这样。"

"好的。但是我们要达成共识,你的人必须要把他们的工作完成。"

"我们会的。"大卫·斯蒂尔军士长使我想起我们在圣地亚哥的时候,他的部门为了确保垂直发射装置的导弹管运行正常,整个部门工作到很晚。导弹管的正常运行对于我们以航母战斗群的形式参与战斧导弹演练非常重要。而我当时并不知道斯蒂尔军士长有教士队[1]棒球赛的包厢门票,可是他为了工作放弃了。没有人告诉他或命令他这么做,可是他认为这样做对于完成潜艇任务有帮助,所以他放弃了棒球赛。

"航行部部长,你还记得之前在副指挥官的办公室,我当时作为预备指挥官与副指挥官交谈的时候,你进来与副指挥官核实工作

---

[1] 美国职业棒球大联盟(Major League Baseball)球队之一,属于国联西区球队。——译者注

进度的场景吗？"

"记得，长官。"

"为什么副指挥官有责任提醒你还有什么工作没做呢？"

"我，我不知道。"

"副指挥官完全没有这个职责，这是你们要做的。你们将自行监管本部门和每项工作的截止日期。你们负责把工作完成，而不是我和副指挥官。"

通过这种方式，我们卸去了维持备忘录流程的负担。这种方式有两个好处：第一，这种方式是最有效率的，因为完成任务不需要花费维持备忘录和开该死的"备忘录会议"的成本；第二，在谁负责各部门的表现这个问题上将不会有错觉，即部门领导负责。

虽然之前从来没有人见过这个模式，但是我们愿意尝试一下。

消除"自上而下"的监管体系是"掌控"的一个机制。

当然，虽然我担心很多事情可能会通过裂缝蒙混过关，并且使圣塔菲号获得不能完成工作的名声，但是这些担心都没发生。我不是说我们再也没有遇到责备我们没有汇报某些情况的事情发生，但是这些事故都能轻松解决且并不是重要的事情。这个想法最强大的地方就是每个人对自己和他们部门的事情负责，我们不需要花费更多的精力告诉他们需要做什么。

监管者们经常抱怨员工缺乏"拥有权"。当我观察他们在组织内的做事方法时，我能看出他们是如何扼杀建立拥有权的尝试的。

更糟糕的是，如果他们将挫败感大声说出来，员工会认为他们很虚伪，他们的公信力会受到影响。不要说教和期望拥有权，而要实行真正给予拥有权的机制。消除备忘录流程帮我们达成了目标。消除"自上而下"监管体系将帮你达成目标。我指的不是消除数据搜集和评估方法这些描述客观情况的方式,这些非常重要,因为它们使"看不见的东西可视化"。你需要规避的是,高层管理者总要通过某些系统去告知基层人员他们应该干什么。

就流程而言,遵循流程通常会成为一个目标,而忘记我们设计和遵循流程的初衷:获取别的更宏远的目标。然后,目标就变成了在流程中规避错误,当错误发生时,更多的监督和检查人员加入了流程中。这些监督者对于获取目标没有做任何实质性的事情。他们只不过是根据事实来辨别流程出错的时刻。在《转危为安》(*Out of the Crisis*)一书中,爱德华兹·戴明(W. Edwards Deming)提出了领导力原则,被称为"全面质量管理"(Total Quality Leadership,TQL)。这对我影响很大。它指出,花精力去优化工作流程本身会使组织更有效率,而花精力去监管工作流程会使组织的工作效率降低。"我们来检查你"对于首创、活力和热情的负面影响直到我担任圣塔菲号指挥官后才认识到。

"全面质量管理"现在被认为是一种过时的思潮。美国海军糟蹋了"全面质量管理"的使用,所以它在人们心中的印象是负面的,这是很糟糕的。其实戴明有许多有价值的想法,因此我将他的著作推荐给各位。

供你思考的问题

★ 你是否没利用好想要为部门工作负责的中层干部的想法、创造力和热情?

★ 你能否将与圣塔菲号的备忘录流程类似的其他流程转移给部门负责人,并且避免在流程中开类似于"备忘录会议"性质的会议呢?

★ 在你的组织中,有多少"自上而下"的监管体系?你怎样消除它们?

14
将想法说出来

你将自己的本能感觉告诉员工,这个过程是否舒适流畅?我们甚至没有用语言去表达疑惑、模糊或不确定性。

1999年1月29日:前往珍珠港的途中
(距离被调用还有151天)

一艘的潜艇不是专门为漂浮在海洋表面而设计的,因此潜艇的顶部、舰桥所在位置,只比水平面高出20英尺,不像位于水下30英尺的控制室那样设备齐全,所以舰桥上缺少潜望镜、声呐系统、通信系统和定位系统。

但舰桥上拥有360°的开放视角,有着通过潜望镜狭窄的透镜看不到的世界。所以,在海面上的时候,我们在舰桥上驾驶潜艇。舰桥上的通信设备只有负责内部通信的传声器和负责与其他潜艇交流的无线电。后来,我们在原有基础上为舰桥补充了配有全球定位系统的一台便携式商业雷达。

我正站在舰桥上巡视。检查工作已告一段落,我们要返回海港。舰上总值日官大卫·亚当斯上尉正在和舰桥上负责通信联络和潜望的工作人员攀谈。除了我,所有人好像都沉浸在愉快的氛围里。在之前的军事演练中,我们先后击沉敌方潜艇和水面舰艇。我们仅用2颗鱼雷就击沉了2艘舰船,精准度很高,而且没有被反侦察。我们使圣塔菲号安全且有效率地航行。我们干得不错。

尽管如此,我正以更具批判性的眼光思考检查团队在圣塔菲号上的每个细节,我还需要做什么来解决其中暴露的问题?

"舰桥,这里是领航员,留意转弯。"从舰桥扩音器里,我无意中听到比尔·格林少校的声音。在控制室里,航行团队正在使用从潜望镜和全球定位系统里显示的位置来判定潜艇在航道的所处位置及转弯时机。

"领航员,这里是舰桥,明白。"虽然大卫拿起扩音器告知已收到,但他没有下达转弯的命令。我等了一秒。

"大卫,怎么还不下令转弯?"我直接问他。在如此狭窄的航道上,每一秒都至关重要。我向航道两边看去,我看见了熟悉的标志物和棕榈树。我知道我们该转弯了。

"是的,再等3秒。我认为现在转弯太早。"当我督促他转弯的时候,他看上去面有愠色。

"转舵装置,将船舵右转15°。"圣塔菲号缓慢向右转,与下一航段对齐。一切都恰到好处。

但是我能看出大卫丢失了他的首创、信心和"掌控"。他不再主动掌控潜艇的运行，而是我。他的工作满意度刚才遭受了巨大打击。

将想法说出来

当我们安全停靠在码头上的时候，我仔细考虑这两天所经历的一切：在我下达了清晰指令的情况下，潜艇航行方向出现偏差；在攻击敌方目标期间，不合时宜地请求打开通信桅；当大卫驾驶潜艇返回海港途中，我在不知晓大卫内心想法的情况下直接干预转弯命令的下达。更值得注意的是，只有10%的船员真正在执行"三名原则"。由于我们当时正在接受检查，所以我不怎么说话。我越强调我不会给出命令并让被授予决策权的长官们"计划"通往胜利的道路，我就越发现自己在很多地方来回奔波：控制室、鱼雷室或声呐室。我为解决危机和捋顺事情而疲于奔命。我们所获得的成功依旧仰仗于指挥官的个人参与。我所期望的是假如我突发心脏病，潜艇依旧能高效地打击敌人。

为什么会发生这些问题？我们如何才能达成期望的目标呢？

等待检查团队完成检查报告期间，我与其余部门长官讨论了这些问题并得出一些结论。

第一，对于"什么事情是重要的"这个问题，船员们缺乏洞察力。虽然我的部下们向我许诺"在真正的战争中"，将不会发生不知所措的情况，但我并不笃定。就二战初期美国海军的经历来看，有太多的潜艇工作人员和指挥官将和平时期的军事演练照搬到真实战争中，结果他们的行动过于谨慎和保守，以至于没有给予敌人最沉重的军事打击。对我来说，这是组织缺乏"阐明"，试图规避错误，而不是"追求卓越"的又一具体表现。

第二，缺乏非正式沟通。我们没有类似于"我们将在1小时后接受播报信息"和"播报信息将于5分钟后传达"这种非正式语言。而这些非正式用语可以帮助我们将重要的事情摆放在应有的位置上。在这里，我们最大的敌人是自己。

作为海军长官，我们强调正规沟通。为此，我们甚至有一本《内部通信手册》，具体规范设备、值班区域及潜艇状态变更应该如何沟通、书写和缩写。通过使用前后一致的专业术语，我们可以避免混淆。例如，我们在描述关闭阀门这一举动时，"关闭"一词我们用 shut 而不是 close，因为 close 与 blow 的意思容易产生混淆。[1]再比如，我们在描述准备用水下通气管潜航这一举动时，"准备"一词我们使用 being ready 而不是 prepare。[2]

不幸的是，遵守正规沟通排除了非正式的语境信息，它对于达到最佳团队表现极为重要，比如"我认为……""我设想……"或

---

[1] close 与 blow 都有阀门出故障的引申义，而这里只需要表述阀门处于关闭状态，所以用 shut。——译者注

[2] 由于 prepare 的引申义可以是我准备或计划做某事，却还没有开始做；而这里对方要确认你是否已经完成水下通气管潜航这一举动的所有准备工作。——译者注

"很可能……",这些非正式的交流用语是绝对不会被检查人员写入特定且准确的命令中的。但是这些非正式用语正是我们使"领导者—领导者"模式起作用的利器。

我们也讨论了我与大卫在返回珍珠港期间不愉快的对话。我希望大卫当时可以告诉我:"指挥官,领航员发出的转弯提醒过早。我计划再等 5 秒,然后下令转弯"或"由于发现潜艇已经超出航标很多,所以我准备提前转弯"。如果指挥官可以让这个情景呈现出来,舰上总值日官就可以掌控他的工作、他的首创。他会了解更多并成为一名更有效率的长官。他正在掌控潜艇!他喜欢自己的工作并愿意待在海军中。

我们把这个叫作"将想法说出来"。

我们在"交流"这件事情上付出了巨大努力。潜艇上的每个人都需要进行交流方式上的转变。总的来说,我会将关于我们需要向哪个方向航行和为什么要往这个方向航行的相关想法说出来。他们需要将内心的烦恼、担忧和想法说出来。虽然当我们想到有魅力且自信的领导者时,并不是这样一个场景,但是这样可以创造出一个更加有适应性的体系。在以后的日子里,虽然圣塔菲号的表现已经跃居舰队的前列,但是一些执着于"领导者—追随者"模式的长官们对于他们在圣塔菲号上看见的非正式用语的现象进行了批评。如果你为了干脆的命令而限制所有的交谈,限制所有关于语境的讨论,你可能会有一个非常安静的控制室。这个会被认为是好的。我们则采用与之相反的方法并且鼓励在长官和船员中间形成持续不断的讨论。通过机制来维持持续不断的讨论形式,而不是监管讨论内容，我可以很好地评估潜艇航行的优劣，以及是否所有人都在分享信息。

检查总结报告

"潜艇第七中队，到达。"马克·肯尼准将返回圣塔菲号做检查总结报告。如果检查成绩很糟糕，我将会被他叫到位于660大楼的办公室里。我对于检查成绩感到紧张不安。我非常期待一次团队的胜利来继续实行改革计划。

"大卫，恭喜你。圣塔菲号是一艘焕然一新的潜艇。你和船员们的表现在平均水平之上。"我惊呆了。在潜艇部队中，"平均水平之上"是针对整个舰队来说的。

"你们的表现给我的工作人员留下了深刻的印象。"准将继续说，"整个星期，他们不停地告诉我圣塔菲号上的船员们是如何欢迎他们、提出问题、有好奇心并尝试首创的。我曾经很担心团队遇到困难情况时的处理方式，不过你们处理得很好。"

我和准将都回想起在预备指挥官培训班的时候，我为了完成任务而直接接手其他学员的职责的场景。我们都心照不宣。

我抓起扩音器，将这个好消息传达给船员们。我可以听见他们的欢呼声。我举了具体例子来说明船员们的热情、首创精神和技术水平。我也对长官们在整个行动中表现出来的热情和首创精神表示认可。伴随着"军士长亲自负责"和我们初期定下的"我计划……"的说话方式，10% 实行"三名原则"的船员们足以在思想上带来一个重大改变。

检查团队的认可给予了我们至关重要的公信力，这为接下来要进行的改革提供了坚实基础。

美好的时间总是短暂的，这一次只持续了不到 1 个小时。

机制：将想法说出来

"将想法说出来"是"掌控"的一个机制，因为当我能听到长官们的真实想法时，我能更容易地把嘴巴闭上，并且让他们执行计划。一般来说，正是当他们都沉默不语并且我不了解他们接下来的计划是什么的时候，我才有想要干预的冲动。"将想法说出来"对于我们从"领导者—追随者"模式跨入"领导者—领导者"模式非常关键。

在后来的职业生涯中，我曾担任战术战略检查团队的长官长达 2 年时间。这一期间，我搭乘过太平洋潜艇部队的大部分潜艇。我可以告诉你们，无论是冲锋陷阵还是待在后方的潜艇，无论是攻击潜艇还是弹道导弹战略核潜艇，除了 100% 被证实的情报，下级军官极不情愿向他们的上司提供其他信息。在海军人员的部队用语和脑海里完全容不下语境感丰富的谈话，而语境感丰富的谈话对于优秀的团队表现至关重要。当我们谈及直觉、本能或可能性有关的话题时，我们会感到别扭。

圣塔菲号也不例外。对于"将想法说出来"的机制存在着巨大的文化偏见。在我所承袭的等级制度中,对于"将想法说出来"的观念和实际执行的需求并没有那么大。我们努力将这种非正式但是有益的说话方式植入船员的脑海,然后进一步延伸到刚从学校毕业而缄默不言的新船员。我常常纳闷为什么我们不可以自然而然地以团队的形式学习最有效率的沟通方式。虽然我们一直强调潜艇是一个团队型项目,但是实际上,潜艇只不过是这样一群人:每个人在"贝壳"内工作而不是充分协作。

所以,为了在汇报时少犯错误,我们要尽量少说话。这是潜艇部队的一个通病。而我们努力鼓励整支团队说出他们对于未来的所看、所想、所怀疑、所担心、所焦虑和所希望的。换句话说,我们鼓励一切在《内部通信手册》上没有出现的东西。我们意识到我们甚至没有能表达不确定性的语句,我们需要填充这些漏洞。

"将想法说出来"也是"阐明"的一个机制。如果你只需要你的下属执行命令,那么他们进一步了解任务内容的尝试是不重要的。但是我们处于一个非常复杂的世界,这个世界充满着变幻莫测的时局及勤奋且有耐心的对手。仅仅把手指放在图表上而期待一切顺利是远远不够的。

作为一名指挥官,我倾向于"将想法说出来"。从本质上来说,我会将重要的语境和过往经历告知我的下属。我也在塑造一个观点:具体问题具体分析是好的,而僵化式思维是自大的表现。

供你思考的问题

★ 你是否会为了听听非正式的交流而在组织内巡视呢?

★ 在你的组织中,人们表达直觉或本能舒适流畅吗?

★ 你如何为男人和女人创造一个自由表达不确定、恐慌、创新想法或希望的环境呢?

★ 你是否愿意让你的员工明白"具体问题具体分析是好的,而僵化式思维是自大的表现"?

★ 信任对以上问题的影响有多大?

15
评估体系

谁是组织的监管者？你怎么最大限度地发挥他们的作用的？拥抱外部监管组织帮助圣塔菲号掌控自己的命运。

1999年1月29日：在港内，珍珠港
（距离被调用还有151天）

"指挥官，我计划使用岸电（shore power）并关闭反应堆。"

"非常好，工程部长。"里克·潘里里欧少校很快接受了"我计划……"的说话方式并学以致用。当潜艇驶进海港，我们使用岸电。岸电从一个能提供440伏特电力的码头燃料仓产生，通过4根大型电缆传给靠岸潜艇。随后，我们就可以关闭反应堆。

为了安全地执行这一系列状态变更行为，我们在断路器、阀门或交换器上安了表示危险警示的红色标签。如果这些关键部位在执

行状态变更流程期间发生运转,将危害他人的生命安全。"

这些红色标签表示不允许违背,并且任何违背系统的行为都会被严肃彻查。潜艇关键部位首先会被贴上红色标签以便当船员们将4根电缆与潜艇对接时,这些电缆不会因为船员们的无心之失而被通电。这样的失误不仅会对设备本身产生损害,也会导致人员触电事故。这是一个常规的工作流程,圣塔菲号每次返回海港都会进行这类操作。

我正在潜艇上走动,感谢那些在检查期间辛勤工作的船员们。这次检查的优异表现对于圣塔菲号无疑是一剂强心针,团队的士气高涨。然而,当我看见工程部长里克带着阴沉的脸色向我走来时,我意识到潜艇某一环节出现了故障。

"岸电出现问题。我们违反了一个红色标签。"

我的心沉入海底,偏偏是岸电出现问题。我回想起在之前的相关彻查中,圣塔菲号的维修与流程错误也是与岸电有关。连续不断地出现此类问题表明我们还没有摆脱过去糟糕的操作。

在这次事故中,由于断路器在所有条件满足后才通电,所以没有出现触电现象。但是船员在进行以上操作之前并没有按照流程先将红色标签清除。我们这次只是运气好,而潜艇安全不能仰仗运气。

就圣塔菲号的表现而言,我要对潜艇第七中队和马克·肯尼准将负责。就反应堆的安全运行而言,我也要对美国海军反应堆管理处负责。在这个机构里,海曼·里科弗上将负责海军核反应堆的建设、维修、管理、人事安排和批准工作。由于制定了周密的管理流程，该机构取得了令人难以置信的辉煌纪录。其成功的原因之一是美国海军反应堆管理处在每一个海港都设立了独立的海军反应堆检查团队。通过特殊的指挥体系，每个独立检查团队直接向四星上将本人汇报。

为了更好地了解此做法的重要性，我们可以回顾一下安然—安达信丑闻。当安然公司[1]于2001年宣布破产的时候，安达信公司[2]每年赚取2 500万美元的审计费及2 500万美元的咨询费。他们既是公司财务的检查者也是执行者。当一个人或一个团队既负责发现漏洞又负责漏洞修复工作，人性本能就会妨碍检查和执行工作的充分性。而被派驻到每个海港的检查机构的工作流程使这样一种利益冲突变得无处遁形。它们工作的唯一目标是确保反应堆的安全运行，检查人员不需要担心安全漏洞修复的困难度、安全漏洞对于周六军事训练的正常进行有何影响，或者由于安全漏洞而导致的潜艇出海延误对指挥官有多大影响。派驻机构的独立性经常会激怒像我这样的指挥官，因为感觉这些机构就像是专门为了打乱潜艇日程安排而设定的，但是它们所扮演的角色至关重要。这也是这个机构能够长期取得成功的原因之一。

在这次操作事故中，没有船员受伤。不过，工程部长说他会把这次事故上报给潜艇第七中队和美国海军反应堆管理处。在美国

---

[1] 宣告破产之前，安然（Enron）拥有约21 000名雇员，是世界上著名的电力、天然气及电信公司之一。——译者注
[2] 曾经位列世界第一的会计师事务所安达信（Arthur Andersen Scandal）是安然公司财务报告的审计者。——译者注

海军，对于什么问题应该报告给什么部门也有具体规定。这种做法看上去有点小题大做，我试图在潜艇内部解决这个事故。当事情朝着积极的方向发展时，为什么我们还需要那些外部关注呢？我的人性本能莫名其妙地驱使我去保护团队免于这些外部机构的检查。我们本可以不报告事故；他们可能永远都不知道事故的发生。另一方面，报告事故会引来更多监管、额外的定期报告和一次性报告、对于圣塔菲号领导力的质疑，以及大量对时间的监管。

里克的立场坚如磐石，他是对的。第二天，也就是星期六，我们成立了一个事故研讨会。里克通知潜艇第七中队和美国海军反应堆管理处的相关人员参加研讨会，而我邀请了肯尼准将参加。我极力避免任何对于事故得过且过的想法，并且以开放的态度欢迎检查团队来圣塔菲号。

我把这种开放的态度和接受外界批评的举动称为"拥抱检查人员"。

即使这样，星期六也将是漫长难熬的一天。

机制：拥抱检查人员

我们不仅将"拥抱检查人员"运用于某一次研讨会和事故中，而且还延伸到所有审查。我们通过检查人员将我们的一些想法传播到整个中队，向别人学习，并且记录那些对于优化潜艇运行有帮助的做法。

这个机制传达了一个信号：是我们掌握自己的命运而不是其他人或机构。这和很多长官试图——特别是出现事故时——减少潜艇对外曝光率的本能做法是截然相反的。"拥抱检查人员"是"掌控"组织的一个机制。换句话说，圣塔菲号的船员真正对潜艇负责。我们发现我们需要这种与内部掌控毫无交集的新机制。随后，我们分发了一些印有"不做受害者"的短袖 T 恤。

如果我们在某些领域的工作方式非常新颖和专业，我们会将检查人员看作拥护者，并与之分享这些好的做法。如果我们在某些领域的工作方式非常糟糕并且需要帮助，我们会将检查人员看作获取相关信息和解决方案的有利渠道。这种做法在船员中产生了"敏而好学，不耻下问"的风气，而不是"讳疾忌医"。

过段时间，海军监察部（Board of Inspection and Survey）的检查人员将对圣塔菲号进行潜艇材料检查。他们的报告很有分量，还会向"大海军计划"的观察者们展现美国潜艇的力量。很多长官因为在潜艇材料检查上表现不好而被解除职务。当检查人员撰写关于圣塔菲号的检查报告时，我向他们提供了一份故障清单。故障清单里包括对潜艇设计很重要的一些信息，以及我们没有成功修复的一些高技术难度故障。通过把这些故障放入检查报告中，我们确信海军将会提供给我们修复这些疑难故障的保障资源，以保证所有的潜艇都更有效率。

"拥抱检查人员"成为虚心学习的强大媒介。无论检查团队何时来到圣塔菲号，我都能听见船员们说："我们这里有一个故障。其他的潜艇是如何处理的？"大多数的检查团队认为这种态度不同凡响。

结果,圣塔菲号在检查环节获得了很高的分数。随着时间的推移,我们的船员学到了很多,并且在工作上越来越专业,同时也继续展现出虚心学习的渴望。

虽然"拥抱检查人员"可以被看作是提高才能的一种机制,但是我认为它更适合在关于"掌控"的讨论中出现,因为它不仅造就出更优秀的船员,而且我们也可以掌控自己的命运。

供你思考的问题

- ★ 你是如何使用外部组织、公众、社交网站评论及政府审计部门来优化组织的?
- ★ 持开放态度面对组织问题有什么样的代价和益处呢?
- ★ 你如何利用检查人员的专业知识使团队更加聪明?
- ★ 你如何提高团队与检查人员的配合度?
- ★ 你如何通过检查人员帮助组织?

第三部分　才　能

"掌控"的两个支柱之一就是"才能"。"才能"指的是人们具备过人的技术能力来做出正确的决定。在一艘潜艇上,"才能"意味着对物理学、电力学、海洋声场、冶金学等专业技术有特定的了解。

本书的关注点不局限于将决策权和"掌控"逐步下放到基层组织,因为我发现强调"掌控"是远远不够的。这一部分的内容将聚焦于提升技术才能所使用的机制。它们是:

- 谨慎行事。
- 虚心求教(任何地点、任何时间)。
- 不要概述,请证实。
- 不间断且前后一致地重复一个信息。
- 规定目标,而不是做法。

第三部分　下篇

16
谨慎行事

就管理组织而言，你是否对"错误恰好发生了"这个理由感到满意呢？我们打破了错误是不可避免的神话，并提出了减少错误的方式方法。

1999年1月30日：在港内，珍珠港
（距离被调用还有150天）

星期六早晨，圣塔菲号军官室里人头攒动。违反红色标签流程的下级军官、值班工程师、工程部部长（里克·潘里欧欧少校）、副指挥官、小组长官、舰上总值日官和核能高级顾问布拉德·詹森军士长正坐在桌子四周。与会者还有来自潜艇第七中队和海军反应堆管理处的检查人员。

我坐在会议桌的上座，前面放着手电筒。我正在思考应该如何

讨论这次事故。光有一群拥有决策权的军官是不够的，我们需要真正变好。

涉事者是一名善良的船员，之前从未出过安全事故。我很同情船员们，在过去两周中，他们为了航行顺利而勤劳工作、进行训练、接受检查并适应所有转变。纵观我的军旅生涯，我一直在尝试解决这样一个问题——如何在要求人们对自己的行为负责的勇气和对于他们付出努力的同情心之间达到平衡。我们必须要了解到底发生了什么，我不希望仅仅指责涉事下级军官的操作流程错误而草率了事。

衡量一个军事单位受到多少惩罚的方式之一就是指挥官直接裁决的案子数量。指挥官裁决也叫不经军事审判之惩罚，是军事司法的一种，它允许舰长在不经过军事法庭审判的情况下直接下达处罚决定。指挥官裁决所做出的惩罚是行政性的，一般局限于罚薪、降级或限制登船的禁足令。在圣塔菲号上，以前一个月出现过几次指挥官裁决，这已经很多了。

海军中有一个心照不宣的共识：如果你违反了红色标签流程，你就一定会受到指挥官裁决。这样一个共识传达出的信息是：你的工作是很重要的，你需要集中注意力。虽然道理没错，但是我并不认为这两者之间有必然的因果关系。

虽然后来都是由部门长官和军士长主持类似的研讨会，但是这次必须由我来主持。当会议开始时，我没有料到会议将持续8个小时。

"让我们首先欢迎来自潜艇第七中队和海军核反应堆管理处的检查人员。"

我们在桌前摆放着一些文件：岸电工作流程、一份值班表和标签情况介绍。针对这类研讨会，虽然我们后来简化了会议展开方式，但是这次会议的展开还是略显临时和不足。

我开始会议进程。

"下级军官 M，你能告诉我事故的来龙去脉吗？"

"我知道我们满足了关闭断路器的所有条件，然后我就认为流程里的下一步就是关闭断路器。我们事先拿出工作流程并复习过。虽然我看到了安在断路器上的红色标签，但是我只是把它移到一边而不是清除掉就直接关闭断路器了。我也不知道当时自己在想什么。"

他喘着气。

"你只是把红色标签移到一边，是吗？"

"是的，它们就悬挂在断路器的正上方。3 个码头断路器上每个都有红色标签，互相交叉，就在那里。"

他小声抱怨。

我确信，他已经做好接受指挥官裁决的准备并接受罚款。但是，他并没有混淆是非，而是愿意坦率地告诉我们事实。这值得鼓励。

"非常感谢你的直率。你和你的值班团队可以回去了。主管人员留一下。"

我的这个行为导致了一阵骚动。什么，没有互相指责？没有指挥官裁决？没有吵吵闹闹？

我这是在承担风险。如果日后发现某人的疏忽行为足够批准惩罚，我这是自找麻烦。然而，我感觉下级军官 M 的直率和诚实比

第三部分 才能

我们现在继续调查、忧虑和处罚要重要得多。

"好的，先生们，我们以后如何避免这种事情再次发生呢？"

在接下来的 7 小时 30 分钟里，这就是我们一直在谈论的问题。

机制：谨慎行事

我们回顾了所有常规方案。有人建议我们应该做一些进修培训，这是通常情况下会被提出的一种解决方案。

"让我来问问你。培训意味着知识层面存在漏洞。我应该通过考试来辨别知识漏洞所在。所以，在考试中，你认为这些船员们会答错哪个问题呢？没有人可以想出一个。这不是知识漏洞的问题，所以培训解决不了问题。"

"我们需要加大监管力度。"这是另外一个备受推崇的解决方案，就像将副指挥官加入图表审核流程一样。我们讨论了监管者所扮演的角色、立场及他将如何规避这个错误的发生。我们勉强达成的共识是，虽然添加一个监管人员也许能够阻止第二、三个断路器以不符合工作流程的方式关闭，但是阻止不了第一个断路器的操作失误。总之，针对这件事，工作流程里已经有很多监管：具体负责断路器的军士长、值班军官、电力小组的长官和工程师。如果所有这些都不能阻止这次事故的发生，再多加一个监管者又有什么意义？没人可以想出一个通过增加监管者来规避错误的完备机制。

我鼓励团队成员提出一些可以从根本上规避错误的想法。可能成员们因为我不愿意接受任何生搬硬套的建议而感到不满，某些人脱口而出："指挥官，这些错误恰好发生了。"

会议开始获得一些进展。我们所讨论的是在潜艇甲板上、在操作员与设备的交会处我们应该如何减少错误，而不仅是在错误发生之后去发现错误。这些错误都是操作员们的无心之失，比如转动错误的阀门、开启错误的断路器，以及移动红色标签。

"长官，这是对于细节专注度的问题。"虽然我们经常说这句话，但是就长远来看，提醒船员们提高专注度对于犯错误的数量似乎没有任何积极作用。我们以前试过这个方法。

"为何如此？"

"他只是惯性操作。当他操作时，他没有开动脑筋，他只是在执行一个工作流程而已。"

我认为这个说法是具有洞察力的。我们讨论并形成了一个能够促使人们在行动之前开动脑筋的机制。我们决定，在核潜艇上操作时，我希望船员们可以谨慎行事，所以我们将"谨慎行事"作为我们的一个机制。这意味着在任何行动之前，操作人员需暂停片刻，说出并用动作示意他将要做的事情。然后他就可以开始实际操作了。我们的目的是要消除那些"惯性"错误。因为"谨慎行事"的目标是在操作人员的脑海里引入一种谨慎感，所以周围有没有人监管其实并不影响结果。"谨慎行事"并不是为了有益于监督人员或检查人员才这样做，也不是作秀。

为了避免类似问题再次出现，我们所用的机制是在圣塔菲号上实行"谨慎行事"。对于那个将红色标签移到一旁的诚实下级军官，我决定不采取惩戒措施。潜艇第七中队和海军反应堆管理处的检查人员会回去向他们的上级主管领导汇报我们的整改措施并对我和圣塔菲号做出评估。由于"谨慎行事"貌似是一个好想法，加上我又是新上任的指挥官，我认为他们会暂缓执行裁决结果并继续观察事态发展。总而言之，这就是我所仰仗的，为了使潜艇和船员变得卓越，我们需要更多的时间去实行改变措施。

  星期一，我们在码头驻地与船员们讨论了"谨慎行事"的概念。我首先讲述了红色标签事故与针对这次事故召开的研讨会的相关情况，然后我阐述了"谨慎行事"是什么意思，以及为什么我们需要"谨慎行事"。虽然与船员们的讨论不能被看作是一种讨价还价的行为，但是我认为当船员们知道涉事船员没有受到指挥官裁决的情况后，他们对于全新的机制——"谨慎行事"会采取更接纳的态度。

  "谨慎行事"可以被受过核武培训的人员所接受，因为"谨慎行事"的机制是建立在核武学院所讲述的"瞄准射击"[①]这一概念之上的。不幸的是，对于其余船员，"谨慎行事"机制起初更像是强买强卖，但我们最终平复了大家的质疑。

[①] 译者认为：根据作者之前对于"谨慎行事"的介绍，操作者应该在实际操作之前先在脑海里预演一遍操作流程，然后才开始操作；"瞄准射击"也是同样一个性质的概念，即射击之前，射击者应该先在脑海里预演一遍操作流程，然后瞄准射击。所以作者的意思是，以前接受过类似训练的人更容易接受"谨慎行事"机制。——译者注

"谨慎行事"不是作秀

就减少错误和使圣塔菲号的操作更卓越方面,我认为"谨慎行事"是最强大的机制,它在操作人员与设备的交会处发挥着作用。当下级军官们接触阀门、抽水机和交换器——与潜艇和武器系统运转相关的关键部位时,尤为如此。"谨慎行事"是"才能"的一个机制,而向船员们传达这一机制是具有难度的。

让船员们"谨慎行事"的第一个问题是船员们先入为主地认为"谨慎行事"的受益者是别人而非自己。虽然我们不断阐述"谨慎行事"是如何让操作人员规避愚蠢错误的,但是我无意中还是会听见一些船员以扭曲的角度去看待"谨慎行事"。

第二个问题是克服另一个先入为主的看法:"谨慎行事"只需运用于日常军事演练,而在实际战争中,你只需把操作速率提到最高就万事大吉了。我用了一个思考实验来打消这种误解。假设我们在珍珠港附近进行军事训练,由于操作失误,所有推进装置瘫痪,这种情况下会发生什么?我们会将潜艇浮出水面并就近求救。我们将为此事开一个研讨会并撰写一些相关的报告材料。没有人会有生命危险。而在实际战争中,面对敌人的时候,如果因为操作失误而导致推进装置瘫痪,又会发生什么?可能某些人会有生命危险。关键是当人们更加重视把事情做对的时候,人们就会更加重视"谨慎行事"的必要性。

如何实行"谨慎行事"

如果你的事业建立在人类与自然的交会处,"谨慎行事"的概念是非常清晰明了的。公共电力、航空、游轮、制造工厂和医院都是具体例子。在这些组织里,你会立刻发现"谨慎行事"是如何帮助减少错误的。这些组织所面临的挑战是事情发生得很快或必须迅速发生,比如发电厂的意外事故或医院的急救室。在这种情况下,正确地进行操作变得更加重要。你没有时间撤销那些出错的事情。

如果你的事业与自然之间并没有明显的交会处,是偏向于服务或智力层面的,虽然"谨慎行事"依然可以被运用,但会以一种稍许不同的方式进行,比如被运用于某人签署表格、授权一项行动或输入一个按键的时候。

虽然我们当时没有意识到,但是后来发现,除了减少错误,它还可以以另外两种方式运行,因此"谨慎行事"还有两个巨大的好处。

第一,就团队设置而言,当操作人员暂停片刻,说出并用动作示意他将要做的事情时,这个流程可以让邻近的操作人员在实际操作之前就介入并纠正错误操作。我刚到圣塔菲号时,操作人员都将"操作迅速"视为技能卓越的一种具体表现,我们需要克服这种想法。例如,一个负责泵速率转换的反应堆操作人员,可能会说:"将一号反应堆冷却泵的转速调至快速。"他在说"快速"这个词的同时拉动了开关。不幸的是,如果他不小心拉动了控制二号冷却泵的开关,这时阻止他的错误操作已经晚了,错误的冷却泵将会被转换。在运用"谨慎行事"的过程中,"暂停"发生在他拉动开关之前,这会让与他邻近的操作员来得及阻止他的错误或自己阻止错误。

第二,当我们进行军事演练时,我们会配置监视人员。他的工作是介入并阻止不合时宜的行为。监视人员对于整个演习有着更全面的观察,能知晓哪些行为是允许或不允许的。如果操作人员出现不合时宜的行为,无论是有意还是无意,监视人员都将阻止他。不幸的是,由于操作人员移动得很快,监视人员通常只是在错误发生后记录错误,因为他们没有介入的机会,这种情况尤其生动地体现在当操作人员宣布采取正确行动的时候。因为操作人员为了妥善处理突发事件会感到有压力,压力导致困惑,困惑导致操作人员误按交换器、断路器和阀门。

日后,当我们在反应堆检查分数上获得前所未有的高分时,高级检查人员告诉我:"你们这些家伙犯同样的错误——不对,你们这些家伙尝试和其他人犯同样多的错误。但是因为'谨慎行事',这些错误从未发生过。它们要不就是被操作员自己及时规避,要不就是由于身旁人的及时发现而被规避。"

他所描述的是一个适应能力强的组织,一个可以阻止错误蔓延的组织。

后来,我们将"谨慎行事"运用到行政文书工作上。每当文件和行动授权可能被粗心签署时,"谨慎行事"都将为我们保驾护航。

虽然很多人谈论团队协作,但是没有建立机制去执行它。"谨慎行事"是一个不错的机制。

第三部分 才能

如果你的公司是负责发电厂的运行或加工产品，那么你就能很轻易地明白如何将"谨慎行事"运用到工作中。但是，倘若你从事的是证券交易、医院的运行或服务行业呢？

我认为"谨慎行事"依旧可以被运用。在偏行政类的事务中，我们将"谨慎行事"运用于授权签字的特定时刻。我们希望那个签字是经过深思熟虑的。最近发生的关于银行取消住房抵押品赎回权的"机器人签署"[①]现象就是一个很好的反例。即使是在正常情况下，我也看见大量的行政文书是在缺乏深思熟虑的情况下签署的。如果这种习惯被广泛运用，终将自讨苦吃。

供你思考的问题

★ 当你的工作人员承认他们的错误是由于惯性思维，没有仔细考虑行为本身和导致的后果的时候，你会做何反应？

★ 你是否相信通过实行一个"谨慎行事"的体系可以清除公司或公司某些部门的错误？

★ 在现实生活中，公司员工会不会出现做事草率、不过脑子的情况？

★ 你从错误中吸取经验的效率如何？

---

① "机器人签署"指的是 2010 年以来，美国银行（BAC）、摩根大通（JPM）和金融服务公司 Ally Financial 旗下 GMAC Mortgage 抵押贷款部门已经暂停取消住房抵押品赎回权，原因是对所谓的"机器人签署"感到担忧，也就是银行雇员签署有关取消抵押品赎回权的文件，却不对文书工作中的信息进行检查。——译者注

17
虚心求教

在尝试下放决策权时，你是否首先能确保组织有足够的才能去应付更多的决策权呢？我费了一番功夫才发现有权无才的情况是混乱不堪的。

1999年2月13日：马卡拉帕（Makalapa）海军居住区，珍珠港，夏威夷
（距离被调用还有136天）

我从位于珍珠港的马卡拉帕海军居住区附近跑步归来。我脑海里回顾着上任一个月以来的点点滴滴。我正在思考发生在岸电事故不久之后的另一个问题。这一次，问题发生在鱼雷室。一次不合时宜的阀门操作导致液压装置从鱼雷控制装置中被移除，进而导致整个鱼雷控制装置错位。虽然"谨慎行事"可能有所帮助，但是这个

事故是技术能力的问题。进行这次操作的操作员们不了解系统的结构网及反应特征。

不像岸电事故所暴露的问题那么明了，要了解清楚鱼雷室内到底发生了什么是困难的。因为这是武器装备部门分内的事情，所以大卫·亚当斯上尉有责任查明事故原因。我们收集日志、相关操作的工作流程和记录，询问所有的参与者，是谁下了什么样的指令？你所遵循的工作流程是什么？负责这次状态变更工作的常规武器装卸主管是谁？所有这些问题的答案都含糊不清。除此之外，当大卫向操作员们提出一些技术方面的问题时，比如系统的这一部分降压，你转动这个阀门会出现什么情况？操作员们回答得不好。

当这个问题出现后，我们不确定我们的方向是否正确。我去拜访了马克·肯尼准将。

"我对我的做法开始产生怀疑，"我说，"事情变好的速度似乎没那么快。每当我认为我们正朝着正确的方向前行时，像这样的事故就会发生。"

"其实我并不感到惊讶。我知道事情在变好之前是会变得更糟糕的。现在你有足够的空间去实行转变。我不会让别人来干扰你。你只对我负责，并且我认为你的方向是正确的。"准将鼓励我。我非常受鼓舞，因为码头上不是所有人都支持我。在珍珠港上总共停靠了20艘潜艇，虽然有些指挥官会过来观摩学习我们的做法，但是也有一些人会因为我们的实验失败而窃喜。

虽然我们已采取行动将决策权下放给属于指挥体系中下层的长官、军士长和船员，但是我观察发现，当决策权被下放时，每个层级人员的技术能力更加重要。权力下放对于技术能力的更高要求给中下层带来了额外负担。

如果你只需要执行别人告诉你的东西，你不需要对这个东西了解得过于全面和具体。然而，当你的决策权变大时，你需要精通技术知识，并以此作为决策的依据。自然规律掌控着潜艇并且不以人的意志为转移。伴随着自然规律，你不会有问题，只有行为所带来的结果。而当现实结果与我们预计的结果出现偏差时，问题就产生了。

要达到既定目标是有难度的。如果我们想给船员们更多决策权，他们必须要接受培训来获得更高水平的技术能力。本质上看，我认为这是我在威尔·罗杰斯号上失败的地方。在威尔·罗杰斯号上，虽然我试图下放决策权和掌控力，但是由于工程部的工作人员习惯于被给予具体指导，所以他们的技术能力已经萎缩。这不是取决于我给了他们多少权力来提高决策效率。我先入为主地假定他们都拥有足够的技术能力而没有采取必要的措施去确认这一点。有权无能的情况是混乱不堪的。

当类似事件发生时，我有时感觉自己有半途而废的冲动，我所做的努力完全不值，我们还是回到"领导者—追随者"模式吧！这样可以节约时间，也不会遇到额外培训所造成的麻烦。由于肯尼准将的支持，我决心坚持下去。我决定与团队一起加倍努力。

这次的思考过程对于我的另外一个计划帮助很大：将我们的核心原则编纂为行动纲领和一整套指导原则。为了制订行动纲领，我需要最本质的内容，以便它可以运用于每个船员的日常工作中。

在与长官和军士长的讨论期间，我们谈论了指挥体系的职责。刚开始，这些职责的描述过于含糊不清：

- 我们监管。
- 我们执行标准工作流程。
- 我们列计划表。
- 我们积极备战。

虽然我们试图将职责变得更加具体，但是他们的答案太多，所以：

- 我们操作与潜艇相关的各种系统，随时准备被调用并执行作战任务。
- 我们巡查系统运转和船员操作情况。
- 我们决定如何最大限度地利用圣塔菲号。
- 我们装载鱼雷、确认敌方位置并通过辅助设备引导鱼雷精确打击敌人。

我们对此进行了反复讨论。伴随着我脑海中关于提升技术能力的想法，我们认为"虚心求教"是根据实际情况而采取的措施。这件事情是每个船员每天必须要做的事情。这是我们统一和联合所有行为的一个基本点。

无论我们正在做什么，我们要考虑的是如何从这件事上最大限度地汲取学习成果。我们的哲学理念是虽然我们没有时间增开一系列讲座，但是潜艇每天的工作经历已经给我们提供了成百上千的学习机会。一旦我们开始主动寻找这些学习机会，就会发现它们无处不在。

我们将哲学理念也加入了纲领，最后形成了以下的纲领宣言。

圣塔菲号行动纲领

我们每天要坚持做什么？

我们虚心求教。

为什么我们使用"虚心求教"而不是"训练"这个词呢？

"训练意味着被动接受，是知识摆布我们。我们参加训练，我们被训练。"虚心求教"是主动的，是我们自发的行为。

我们"虚心求教"什么内容？

我们学习如何使潜艇"来之能战，战则必胜"。

为什么我们需要参与作战任务？

我们响应国家号召，为维护美国宪法而参与作战任务。

为什么美国宪法如此重要？

美国所享有的人身自由、对人性的尊重及经济的繁荣都居世界前列。人的生命是短暂、苦难和残酷的。我们所拥有的民主制度和宪法规定的个人权利的重要性是我们情感和物质繁荣的原因。这是一份值得坚守的重要法律文件。在坚守宪法的道路上，你并不是孤军奋战，在你之前已经有无数先烈为坚守宪法而献出了宝贵生命。

为什么需要潜艇来坚守美国宪法呢？

潜艇可以完成别的战争武器所不能完成的特殊任务。美国潜艇有着坚守民主的优良传统。例如，在第二次世界大战期间，虽然潜艇只占美国海军力量的2%，却击沉了日本50%的舰船。为战争的最终胜利做出了杰出贡献。

如果所有的时间都在"虚心求教"，工作如何按时完成呢？

我们是在工作。但是，我们通过工作——维修、状态变更、急救演练来学习。所以，当我们工作的时候，即使是野外演习日，我们也在"虚心求教"。

这听上去像是文字游戏，我们仍然做着同样的事情，只是换了名字而已。

是，也不是。是，因为我们仍然要保持潜艇干净、进行演练、修复、资格认证工作和其他很多工作。不是，因为你如何看待事物是会产生巨大影响的。比如，我们不把任务看作是累人的工作，而把它看作是一个学习潜艇设备各部分、工作流程或如何分配和完成任务的机会。

如何将原有的训练和培训计划融入"虚心求教"体系？

虽然训练和培训计划是我们"虚心求教"流程的一部分，但是它绝不是流程的全部。训练和培训计划是"虚心求教"的一个子集，也会成为个人成长的一个子集。我们每天都在成长。

所以，我们的指挥规划是要建立一个"虚心求教"和"才能"工厂。

工厂的"原材料"是每个星期前来报到的新船员、新设备和新战术战略。"成品"就是高素质、经验丰富的船员，即使没有上级的具体指导，他也可以在海军的任何岗位展示才能。你们每一个船员既是工厂生产出来的"成品"（当你"虚心求教"的时候），也是工厂的一台"机器"（当你帮助其他人"虚心求教"的时候）。

你期待我做些什么？

我期待你们日后的每一天都能成为比以前更好的船员。我鼓励你们将每次野外训练、维修工作、演习、值班工作、航行期间和被调用都当作是"虚心求教"的一个机会。通过这种方式，可以让我们不断完善。

机制：虚心求教（任何地点、任何时间）

我开始以新的角度看待训练计划。它不只是一个行政计划，也不是一个为了减少错误而设立的计划。训练计划是一个关键推手，让我们可以将决策权向圣塔菲号的基层人员下放。

你是否想设立一个员工都愿意去做的训练计划？如果是，那么应该按如下思维方式去设立：

- 训练的目标是要提升员工的技术能力。
- 提升技术能力使该组织有能力将更多的决策权分配给员工。
- 员工决策权的提升会自然而然地带来更多的参与度、积极性和首创精神。

你最终会获得更高的生产力、士气和效率。

权力下放，提升才能

你可以在下一次领导力会议或公司其他地方尝试以下一些做法。

1. 拿出 4×6 英寸的卡片和马克笔。
2. 首先完成以下句子：如果（哪个官阶）的管理层有权力做（哪方面）的决策，那么，我们的公司将会更加有效率。虽然你可以事先定好（官阶），但是（哪方面）的问题应该让小组成员书写。

3. 收齐所有卡片，将它们贴在墙上，然后去休息。让人们浏览所有卡片。
4. 将（哪方面）的答案优化整合。
5. 提出问题：就技术能力而言，为了做这方面的决定，这个官阶管理层的人员需要具备哪些技术知识？
6. 再用卡片回答，贴在墙上，去休息。

现在你将拥有与训练相关的一些主题。你可以将训练主题与员工的决策权和掌控力的增加联系起来，换句话说就是——授权。

当你制订训练计划时，不要忘记与小组沟通你的思考过程。只有这样，他们才会知道为什么要参加这次训练；只有知道训练目标，才更有可能调动参与训练的主观能动性，从而知道他们获得更多决策权的道路在何方。

"虚心求教"（任何地方、任何时间）是"才能"的一个机制。

我发现"虚心求教"可以维持我内心的平衡并提升洞察力。过去，在一次检查之前，我非常忧虑和不安。我会担心潜艇和值班团队的表现，担心检查分数、潜艇名声和对我职业生涯可能造成的潜在的影响。可能是在威尔·罗杰斯号上接近死亡的职业经历让我变得急躁。

在任何事情上，我都伴随着"虚心求教"的想法。因此，对于潜艇检查工作我很冷静，甚至心甘情愿。每一次检查工作都被看作是船员和我在潜艇上与众多专家进行为期 3 天的问题研讨会。我的船员们知道我的这些想法后，他们的行动也体现了这些想法。检查团队不约而同地对船员们愿意"虚心求教"的态度做出了积极评论。毫无疑问，我们的检查分数不可能只是在好与坏的边界点徘徊。

供你思考的问题

- ★ 你是否知道，组织的某些部门屡次出错是由于基层员工没有足够的技术能力去做好决定？
- ★ 你如何在基层和高层工作人员当中实行一个"虚心求教"的政策呢？
- ★ 你是否会为组织撰写一个与圣塔菲号行动纲领性质一样的纲领文件呢？
- ★ 人们愿意参加训练计划吗？

18
主动负责

你如何让员工们进行"高于自己官阶"的深刻思考?我们发现这需要从根本上改变一种抑制此现象发生的"惯例"。

1999年2月22日:珍珠港,夏威夷
(距离被调用还有127天)

"指挥官,我计划开始航行。各部门已准备就绪,拖船已组装完毕,我们得到了海港的航行授权。"

"非常好。"

"解开所有绳索。"

在舰桥上,大卫·亚当斯上尉正在指导一名基层军官。这是这名军官首次驾驶指挥。我们结束了潜艇维修阶段并计划前往圣地亚哥与星座号航母战斗群进行几次合练。我已经上任45天。4个月后,

我们将被正式调用，也是与星座号航母战斗群一起执行任务。航行和海上演习为我们提升潜艇运行和战术战略的实战能力提供了宝贵机会。在海上的时间对于增强团队凝聚力至关重要。圣塔菲号的船员们也可以完成指导原则的起草工作，其实起草工作已经耽搁了，因为我希望船员们亲自起草。现在，我们有这样一个机会。

从珍珠港前往圣地亚哥的航行路线非常"美丽"[①]。我无法用一个特定词汇来形容其"美丽"。大卫正在指导那名下级军官。在航行团队和舰桥之间，我持续不断地接到报告、状态变更、目标及计划——所有这些都运用了"将想法说出来"的机制。

"做好转弯标识准备，我们左转进入182航道。"

"大约30秒之后执行转弯命令。"

"进行雷达标识。"

"显示转弯时机稍早。"

"进行肉眼标识。"

"掌舵员，将舵向左偏转15°，保持182航道。"

"舵已左偏转15°。"

"舵向左偏移。"

"显示转弯时机稍晚。"

"掌舵员，将舵左偏转加至20°，保持182航道。"

好极了，团队沟通以一种相互信任且客观的方式进行着。

珍珠港是潜艇航行的绝佳地点。不仅仅因为这里充满着潜艇的

---

① 因为没有暗礁险滩，所以称之为"美丽"。——译者注

传说和良好天气，也因为在近海处就有深水区。在美国东海岸，为了避开海里的大陆架，潜艇需要在海面上行驶数英里。

由于之前长期在珍珠港附近进行军事训练，圣塔菲号被分配过的水域遍布全港，所以我们很快就找到了预定下潜地点。我去了位于下层的控制室，过了没多久，舰上总值日官、潜望人员和指挥操舵的长官在将上层舰桥变更成下潜模式后也来到了控制室。

在控制室里，所有人各就各位准备下潜。由于核动力潜艇下潜花费时间过长，而准备时间过长令人愤怒，以至于平时演练中很少训练潜艇下潜流程。我们丧失了对下潜的关注，也就领略不到潜艇为什么称之为潜艇的意义。在二战期间，当潜艇大部分的时间在水面上的时候，急速下潜是关乎生死的大事。那时候的船员可以在30秒之内处理舰桥、关闭舱门并完成下潜。而如今的核潜艇下潜变得更加优雅，需要花费几分钟。这不仅是下潜准备工作出现了问题，也是核心战斗技能萎缩的具体表现。

随后，当我们完成下潜并向预定目的地进发时，我们制定了一个目标：要大幅减少圣塔菲号从解开缆绳到下潜并保持海底150英尺航行深度所花费的时间。这样迫使船员们放弃将下潜工作看成是由无连续性的人员和设备组成的毫不相关的一些任务（航行、机动瞭望、将瞭望转变为潜望、下潜、调整潜艇），而要将所有与下潜有关的事情整合串联起来。只有船员们不断地接受这种挑战，他们才能发现独创性的办法，节约下潜转换所花费的分分秒秒，使圣塔菲号成为一艘更有效率的战斗潜艇。

潜航值星官（Diving Officer of the Watch，DOOW）报告他将向我做

下潜概述。我们总是将事情概述。在军队里，我们喜欢简报。

他翻开写有操作流程的潜艇系统手册并开始宣读。"下潜警铃第二次响起时，值星官（Chief of the Watch，COW）将打开所有的通气孔。"

"掌舵者将船舵放置于潜艇中部。"

他低沉地宣读着。

5分钟后，他问大家是否有问题。

没有人提问。

这是圣塔菲号第一次在海港以外的遥远水域下潜。令我感到不安的理由有两个。

第一，潜艇调整的不确定性很大。如果潜艇载重量不精确——无论是多余的鱼雷、设备、储备物资、水量或船员的总人数，潜艇将会因为太沉而沉入海底。如果载重量过轻，我们需要打开通气孔并在海面上颠簸一段时间直到灌入足够水量并达到中和浮力。

第二，在海港期间，由于每个人都关注维修工作，船员们逐渐淡忘了下潜和沉入水中工作流程的细微差别。像所有人一样，我们认为通过听取工作流程的概述足以掌握一切。

为了抓住每一个"虚心求教"的机会，我们之前进行了几次意外事故演习，包括模拟某些测量仪器失效的情况。

"指挥官，我计划潜入水中。"

"非常好。"

"潜入水中并下潜。"

"潜入水中并下潜,收到。"

下潜进展得不顺利。由于发出意料之外的指令,团队感到很困惑。船员们在下潜操作初期就出现了错误,花了很长时间却不能查明和解决问题来源。

下潜稳定后,我们聚在一起听取汇报,其间我询问:"发生了什么情况?值星官之前宣读过工作流程了。"我用手电筒指向其中一个升降舵手,这名舵手在之前的深度仪表失效模拟演练中同样表现不佳。

"指挥官,没有人听那些简报。"

"什么意思?"

"你来到值班室,坐在椅子上。当值星官开始从手册里阅读操作流程时,你所想的是'我已经知道怎么做了',所以你不会听得非常仔细。"

机制:不要概述,请证实

这名升降舵手描述的现象我也看见过几次。除了概述者本人,对于其他人来说,概述是一个被动行为,其他人都是"被概述"。这里不存在准备或学习的责任,完全不需要智力参与,只需要简单点头和说"准备好了"就行。而参与简报唯一的责任就是出席简报会议。最后,简报并不是用来决策的。我们马上就要行动了,但是简报里才刚开始讨论这个行动计划。

第三部分 才能

我们决定摆脱充满概述的简报流程。从这一刻起，我们应该进行证实流程。

证实与概述是不一样的。在证实期间，团队具体负责人向成员们提出问题。像我上面说的这个情况，负责发问的可以是军士长；在救援行动之前，负责发问的可以是首席军医。证实流程接近尾声时，我们可以决定团队是否已经为即将到来的行动做好了准备。如果在证实期间，团队并没有展现出对必备知识的了解与掌握，应该推迟行动。

当我们首次尝试新机制时，值班人员对于他们要做什么无所适从。他们没有做好功课。当我问他们为什么没有准备好时，他们告诉我，他们不知道潜艇下潜时间是否在他们的值班时间内。随后，我又问了 20 名负责潜艇状态重大变更的值班人员同样的问题，其中一个船员给我的借口是，虽然他知道我们将要开启反应堆，但是他直到要执行变更工作时，他才知道自己究竟负责哪个值班地点。

从这些例子中，我了解到用简报的形式对一件事多次汇报其实是为了抵消糟糕规划带来的负面影响，而与"领导者—追随者"模式相比，来自"领导者—领导者"模式的证实流程实际上要花更多的精力去管理，因为管理不仅要厘清我们需要完成哪些短期目标，还要让团队的每个成员都知道自己要扮演的具体角色。

证实流程将提前做好准备的责任与义务转移给参与者们。所有的参与者变得主动。从被动概述到主动证实的转变促进了船员行为的转变。我们发现，当人们知道自己将会被提问的时候，他们会提前去学习和了解自己的职责。这会大大增加船员的参与度。人们会思考他们的职责并独立自主地学习。

在你的事业里，停止简报并开始证实

无论你何时关注团队事务，无论是外科手术还是产品推销，你需要考虑如何好好准备这些事务。

人们参与团队事务是等着"被概述"所有信息，还是准备主动介绍他们各自所负责的部分？在一个充斥着简报的组织里，虽然起初转变思维模式需要多一些努力，但是你可以从简单的转变开始做，比如在下一次会议之前，提前布置一些人们需要预先阅读或思考的任务，让他们对这些任务负起责任。

第二个会带来巨大影响的做法是，保证你的团队成员知道自己所参加的会议是决策会议，是检验他们是否做好了所有准备来完成工作流程的会议。是的，虽然说"我们没有准备好"的代价是高的，但是其代价远低于一次搞砸的实际操作。

"不要概述，请证实"是"才能"的一个机制。

证实是一个关键决策点。证实流程出现失败是可能的。每个人的不足都将被暴露出来：他们没有做好参与行动的充分准备，因为他们缺乏对重要知识的了解。否则，我们只是在进行被动的简报流程。

"不要概述，请证实"也体现了我们所采取的方法通常与初衷背道而驰。后来，我们也闹出过笑话。检查人员登上圣塔菲号后，他们想观摩我们在状态变更前的简报流程。我告诉他们，我们已经取消了简报流程。简报流程并不是条例内规定的法定流程。我们必须要做到的是，严格按照法定工作流程安全操作潜艇。我们的证实流程比任何简报流程都优秀。

"不要概述，请证实"也以另一种方式展示了它的强大，因为简报的过程是某一个人学习潜艇变更的具体流程之后，再向团队的其他成员做概述。证实是让每个成员都对自己的工作负起责任。这个机制促使潜艇上的每个人，包括普通船员，都将自己的智慧参与进来。当你在潜艇上巡查时，你随处可见到船员们在独立自主地学习。但是这一切都建立在管理完善的前提下。有人称之为"所有权"，现在管理界把它称为"员工参与度"。

你可以问员工一个非常实在的问题：每个星期，你花多少分钟独立自主学习，不是被命令，不是被指挥。"独立自主学习的时间比较少"是一个典型的答案。而改善公司状况的一种组织措施就是提高员工独立自主学习的时间，不要简述，请证实！

供你思考的问题

- ★ 你如何将工作责任从简述者转移给参与者？
- ★ 在一件事情或一次行动之前，员工们做了多少准备？
- ★ 你上一次使用简报来概述计划是什么时候？听者是否出现忽略流程概述的情况呢？

★ 如何启动证实流程，让你的团队知道目标是什么，以及他们每个人应该如何做出自己的贡献呢？

★ 对于"与'领导者—追随者'模式相比，来自'领导者—领导者'模式的证实流程实际上要花更多的精力去管理，因为管理不仅要厘清我们需要完成哪些短期目标，而且还要让团队的每个成员都知道自己要扮演的具体角色"这样的说法，你是否认同并为之做好了准备呢？

19

强调愿景

你是否想过这样一种情况：人们说理解你谈话的内容，实际上他们根本就不理解？很不幸的是，这种情况发生在了圣塔菲号上，并险些让我们失去一位优秀船员。

1999年3月5日：圣地亚哥，加利福尼亚
（距离被调用还有116天）

我们提早一个小时到达圣地亚哥，有一份报告显示导弹管出现机械故障，我为此感到烦恼。这是我们的第一次长途航行，我们开始检视设备的状态。毫不意外，当一个系统既没有被好好照管，又遭受了咸水和海水压力影响，交换器、接插件和压力传感器肯定是会出现故障的。

潜艇警卫长出现在我门口。我希望与他讨论我们在即将来临的

打击训练之前完全修复这个系统的相关计划。

"长官,"他说,"这个笨蛋,他居然离开了潜艇。"

"你骂谁?"

"我以为你知道。'雪橇犬'擅离职守。"

我当然非常了解他。他是其中一名下级军需官。在之前讨论优化图表工作流程时,他的活跃参与令我感到惊讶。

值班军需官(Standing Quartermaster of the Watch,QMOW)的工作非常艰难。他负责至关重要的潜艇航行安全,几乎没有犯错误的空间。更糟糕的是,因为工作地点位于控制室,这份工作受到不间断监督。虽然舰上总值日官直接监督军需官,但是副指挥官和我会频繁地进入控制室并通过图表查看潜艇航行位置。通常情况下,军需官在规划其巡查路线时,需要考虑围在图表桌旁的三或四名长官。这是指挥官亲自任命的几个职务之一。

我的第一反应是不希望这种事情发生,我重重地坐在椅了上。

我的情绪很糟糕。我刚意识到这个星期将进行全海军的竞争上岗考试。我聚焦在前往圣地亚哥的潜艇航行和与战斗群进行军事合练的相关事务,没有关注竞争上岗考试的日程安排。为了规避考题泄露,海军挑选了日期——所有人在同一天考试。考试表现可以大体上决定圣塔菲号上一百名士官是否能获得晋升。由于我们没有谈论过这次考试,也没有给予船员们足够的学习时间,所以对于船员们考试成功,我不抱很高的期望。

擅离职守的记录会永久出现在"雪橇犬"的档案里,对其日后的提拔产生负面影响。"雪橇犬"的擅离职守也可以看作是对圣塔菲号现状的一种严厉控诉。

在岸电事故和鱼雷室事故之后，情况开始有所好转。一名下级军官撤销辞呈，我们也看到有很多船员提交延长潜艇服役的请求。这是船员士气好转的一个标志。对于圣塔菲号而言，"雪橇犬"的"弃船潜逃"将是一个重大打击。

我们为此事召开研讨会。与会者都是"雪橇犬"的上级领导，包括比尔·格林少校、约翰·拉尔森军士长、舰上总值日官、副指挥官和我。会上，意见分为两派。

一些高级军士长认为"雪橇犬"已经在海军服役多年，他是一个头脑清晰的人，清楚自己在干什么，并且知道其行为会带来何种后果。由于他是按照自己的真实意愿行事的，所以长官们已经起草了一份关于其行为的处罚报告，指挥官应该依据这份报告直接裁决。为了维护秩序与纪律，严肃处理这种行为是必要的，特别是在潜艇正式调用日期慢慢临近的关键时刻。

另一些长官更加同情"雪橇犬"。他们认为，自从我们一周之前离开珍珠港，军需官们一直在左舷和右舷来回值班。这就意味着"雪橇犬"每天值班6小时、休息6小时。当然，在6小时的休息期间，他需要吃饭、为下一轮值班做准备，并且履行一些值班后的职责，所以他值班、休息的时间分配变成值班8小时、休息4小时。然后还有培训计划、简报会议及全体船员的军事演练。如果这些事情恰好发生在睡觉期间，那就太不走运了。就目前情况来看，我们有驾驶资格认证训练、军事演练，并且由于时差原因，要将钟表往前调两小时变为圣地亚哥当地时间。不幸的是，所有这些因素导致

"雪橇犬"的睡眠时间由 36 小时变为零小时。虽然这一切不是我们有意为之，但是没有人去留意他的时间分配问题。我们还要花几小时将圣塔菲号正确地引导至圣地亚哥。在我们将潜艇开往圣地亚哥期间，军需官的工作尤其紧张且繁重。

虽然"雪橇犬"不能获得团队优秀下级军士长的称号，但他是辛勤工作的人，也是值日团队里有价值的成员。如果我们失去了他，圣塔菲号将不能正常航行。我们现在的值班人员岗位分配为左舷和右舷，以后可能变为左右舷不分，意味着军需官值班室以后只有一名合格的值班人员了。这将大大限制圣塔菲号为国防做出卓越贡献的能力。

冰山一角？

我决定更深入地挖掘问题本质。

问题：为什么我们需要军需官同时负责左舷与右舷的值班任务呢？

回答：因为没有足够的军需官来支撑平常的三队值班轮换体系。

美国潜艇三队值班轮换机制（译者绘）

	第一天	第二天	第三天
23：30—05：30	一队	二队	三队
05：30—11：30	二队	三队	一队
11：30—17：30	三队	一队	二队
17：30—23：30	一队	二队	三队

问题：为什么不能支撑？

回答：值日团队的主要负责人没有获得足够数量的合格值日成员；我们的后备值日人员力量非常薄弱。资格认证流程出现漏洞。

问题：潜艇上是否有其他合格的成员可以将现在的局面转变成三队值班轮换体系呢？

回答：可以，虽然海军上士（通常是监督人员）可以，但是由于他需要履行具有自由裁量权的值班室"航行监督官"的领导职位，所以他并没有出现在值班表里。

问题：航行监督官的职责是不是提升海航图的精确度从而使潜艇安全靠岸呢？

回答：是的。

问题：我们刚才是否沿着东太平洋航行，从夏威夷来到圣地亚哥呢？

回答：是的。

问题：我们需要一名航行监督官吗？

回答：不需要。

这件事让我感到愤怒。这位监督官正让船员彻夜未眠，而他甚至都不在值班表上。

第三部分 才能

我更深入地检查了值班时间表，发现由下潜军官负责值班地点的概率为 1/6。换句话说，6 个军士长轮流负责一个值班地点，每 36 个小时，每个军士长仅有一次 6 小时的值班时长。而船员的标准轮换是 1/3，即 3 名船员负责一个值班地点，在某些特殊的值班地点，比如像"雪橇犬"的值班地点，是两个人负责一个值班地点。

为什么会出现这种现象？这是潜艇上正常的行为方式。在一些潜艇里，军士长们甚至完全不用值班。对于这种行为方式的默认，表明我们接受了一个潜规则：作为一名军士长意味着有更多的特权，而不是更多的责任与担当。这就是下级军士梦寐以求的"好生活"。这种行为方式造成了不好的结果：它冷漠且疏远普通军士。令我感到心烦的是，军士长们总是先想着个人利益并让普通军士为其买单。

"'雪橇犬'现在何处？"我询问道。

虽然没人给出肯定答复，但是有人看见他去了海港军营方向。这个举动令我陷入深思。如果船员擅离职守，他为什么要去海港军营呢？一想到"雪橇犬"擅离职守的行为举动，我很确信我也会说"这个笨蛋"。

这个时候，虽然我还是倾向于同情"雪橇犬"，但是我很难让某些长官认为我们有义务去找他。虽然我可以直接下达寻找"雪橇犬"的命令，但是那样会导致强制执行。我决定亲自去找他。我离开潜艇并来到海港军营（离圣地亚哥诺马角潜艇基地几个街区以外的地方）。我找来港口军营负责人询问，令我感到惊讶的是，"雪橇犬"已登记并且入住。如果他果真准备离开海军，这个行为不符合逻辑。我敲了敲房门。他在这儿!

我需要小心翼翼,因为我不希望说一些为他脱罪的话或展现出对于军士长的不满。但对于缺少睡眠和获得不公正待遇,我也非常同情他。那份关于他的惩罚报告已经在我手上。擅离职守的行为会带来严厉的处罚。他可能会被禁足6天;在被调用之前,本可以在海港度过的时间则需要待在潜艇上;他会失去一个月的薪水,并且被降职。

我们进行了交谈。我可以感觉到他身心俱疲。虽然我撕毁惩罚报告并同意赦免他,但是我明确地要求他第二天早上必须返回圣塔菲号。他可能并不知道我的私下干预已经"败坏"了指挥官裁决流程。如果这件事闹到军事法庭,原告律师一定会胜诉。我打赌我们不会走到那一步。

我回到圣塔菲号并召集军士长们。我回顾了过去发生的事情,并使他们回想1月在珍珠港的老潜望镜工厂开会的情景。在某些情况下,虽然他们获得了更多的决策权,但是他们用这些决策权来减轻自己的负担,我对此感到心烦。有一些军士长忘记了他们对于船员的责任。"在1月的会议上,你们不是承诺为船员和圣塔菲号负责吗?我们是否都认为负责的意思是全心投入、团队参与、与船员同甘共苦,而不是像有特权的贵族一样行事呢?"我大声喊出这些词语并用手电筒示意他们。我非常愤怒。

是的。

我将与"雪橇犬"达成的协议内容告诉了军士长们,有些人认为我正在树立一个坏典型。

第三部分 才能

他们在 1 月的会议上是否不够真诚？我不这么认为。我想他们不了解：如果他们言出必行，他们是有多么不同凡响。

伴随着军士长们的此种作风，毫无疑问，船员士气是低落的。去年一整年，圣塔菲号上只有 3 名船员申请延长服役，出现这种尴尬情况毫不意外。我有一种不可抵抗的冲动想要剥夺所有军士长们之前获得的决策权，并采取"局部和直接的掌控"使他们履行职责。当然，这种做法完全是众望所归，只是会让我变得越来越像其他领导一样。

第二天早晨，舰上总值日官带着他的每日检验报告来到我的办公室。

"指挥官，报告里面列出了所有内容并做了解释。"

他离开了。我们都知道这就意味着"雪橇犬"已经按照协议返回了圣塔菲号。

不是所有的军士长对"雪橇犬"的处理结果都感到满意。有些人担心我树立了一个坏的标准，这会导致军纪涣散。他们怕日后会出现更多的擅离职守。如果我对未来的擅离职守者进行了严肃处理，那将是非常虚伪的，而且也带着徇私的影子，甚至会有一种我偏袒少数人的看法。他们的这些预测后来都被证明是错误的。在未来的 3 年间，我们的潜艇上没有出现过擅离职守的现象。

我克制要收回决策权的冲动，继续让舰上总值日官和副指挥官管理船员值班表。在我恢复理智之后，我实行"值日表平等化"原则：值班监督官的值班轮换不可以比普通成员的值班轮换优越。当这个原则"自下而上"地在指挥体系中执行时，军士长或部门长官也不可能比船员有更多的特权。虽然这个原则并没有获得所有人的支持，但是我需要在潜艇上传播这样的想法，我试着以一种非强硬的方式阐述这个原则的相关内容。他们需要去体验一下这个新原则。

机制：不间断且前后一致地重复一个信息

我最难以反驳的一件事是，我怎么可能对于某些不合理行为的发生完全不知情呢。严格意义上来说，因为副指挥官签署船员值班表，所以我对此不负责任。尽管如此，我认为我还是有责任的（上星期，我去了一百次控制室，经常看见"雪橇犬"在那里值班）。当然，我可以找借口为自己辩解。我当时在关注别的事情，管理值班表完全是别人的责任。无论我如何合理化我的借口，我还是认为自己是负有责任的。可能这种对责任的过度解读"歪曲"了自己的行为，可能导致的结果是糟糕的。虽然我并不会这样想问题，但是如果我真的只考虑某件事情或某个行为对自己的影响的话，我绝对不会只身前往海港军营。我仅仅是担心独自离开的船员，而船员所要面对的是高层管理对其服役的阻挠。

此外，我不得不屈服于一个事实：我提出的领导力新方法并不管用。太艰难了，如果军士长们都不了解我的真实意图，我们怎么可能成功呢？我甚至想回到大声喊出命令并要求严格遵守的时代。但经过细细思考，我并不想成为那样的领导。我确信我的初衷是正确的：给予人们决策权，给予人们担当精神和履行职责的必备工具。新的方式终究会开花结果的。我克服着放弃的冲动，下定决心要坚持下去。

军士长们的行为让我感到非常沮丧。我已上任两个月了，他们怎么可能对于我们所要完成的目标不了解呢？我给予了他们更多的决策权；他们帮助撰写了领导原则；他们听我说了一百次我们在圣塔菲号上将如何行事。某种邪恶力量好像一直在阻止我们前进，让人们保持着陈旧和雷同的思维模式。

不过，我发觉我们需要不间断且前后一致地重复一个信息。

"不间断且前后一致地重复一个信息"是"才能"的一个机制。

每天、每个会议、每个场合，重复相同的信息。听上去多余、反复且无聊，但是有什么别的方法吗？改变信息内容？那样会更加困惑和漫无目的。我没有意识到即使人们从感情上是希望改变的但积习难改。虽然军士长们也想改变，但是他们仍按照 Ustafish 号[①]上的影子描绘一种未来的领导方式和风格。他们只是用过去事物的影子来刻画未来。让他们准确刻画出我们现在想要干的事情是困难的。我们所谈论的全新想法和理念是无法用过去存在的例子或电影去解释的。

当你引进一些全新的、亘古未有的东西时，有些人能够明白，在圣塔菲号上，我们确实有一些军士长马上就明白了，比如沃尔舍科高级军士长和拉森军士长；有些人过一会儿明白了；另外一些

---

① "Ustafish"是一个潜艇的通用语，指的是我"曾经"服役过的潜艇。——译者注

人则要花很长时间才能明白。我发现当我在阐述一个新的改变机制时，虽然船员们都在听你说话，但是他们心里在想："我知道他在说什么。和我们在 Ustafish 号上的做法一样。"虽然他们聆听着并认为自己明白你说的话，其实并不明白。他们对你说的内容不能形成一幅完整图画。在他们的脑海里，他们不明白这个东西究竟是如何运行的。他们并不是故意欺骗你，只是不能描绘出你正在描绘的东西。

除此之外，如果他们了解了你的意思，他们可能会对这种新的做事方式是否比之前看过的任何东西更好表示怀疑。我在海军已经待了这么长的时间，怎么会没看出来呢？

为了帮助自己记住这个结论并保持镇定自若，我做了一张海报。这个想法来自一篇叫《悲惨的生活》(*It is a Dog's Life*)的文章。我是在 1995 年 11 月发行的《快公司》[①]杂志上看到的。这篇文章描述惠尔丰[②]日后的首席执行总裁海提姆·提阿布奇（Hatim Tyabji）。在我的海报上，我站在我的爱狗巴克莱（Barclay）前面并叫它"坐下"，狗却依旧站着。前 8 幅图画都是一样的。"坐下、坐下、坐下"，等等。没有互相指责和告诫的情况，只有"坐下"。到了第九幅和第十幅图，巴克莱终于坐下了，旁边附上说明"好狗"。我将这幅海报贴在办公室门后边。因为我的门在大部分时候是敞开的，虽然

[①] Fast Company，美国极具影响力的商业杂志之一。——译者注
[②] VeriFone，全球领先的安全电子支付解决方案的供应商，为金融机构、商户及消费者提供借记卡、信用卡、智能卡及互联网交易方面的硬件、软件和服务。——译者注

拜访者看不到，但我可以看到。

供你思考的问题

★ 由于超负荷工作且不受重视，你的员工是否正处于擅离职守的边缘？

★ 为了拯救一个压力过大的下属，领导在什么时候打破常规是合适的？

★ 在你的事业中，哪些信息应该反复强调，以保证管理团队不会首先只关注自己的利益而忽视整个团队？

20
当心流程

你是否认为：在有危机的情况下，允许基层人员有首创精神是行不通的。但我了解到，即使是在意外事故下，释放决策权也会产生更好的结果。

1999年5月：从珍珠港航行至圣地亚哥
（距离被调用还有28天）

我们又在海上航行，圣塔菲号正返回圣地亚哥。我们需要利用这段时间进行完备的军事训练并磨炼我们的操作技能。这次返回圣地亚哥后，我们将进行被正式调用之前的最后一次资格认证。虽然资格认证时间比我期待来得更快，但是圣塔菲号越来越多的地方已走上正轨。船员提交了延长潜艇服役的请求，维修流程首次顺利完成。负责值班工作的长官们开始解决问题，各部门长官也开始主动沟通。通过"谨慎行事"减少了错误的发生,越来越多的船员对此深信不疑。军士长们比之前更有担当精神和责任感。以前是管理外出请假申请,现在则转变为掌控计划表和管理资格认证流程。我们完成了关于船员资格考试与面试的大量积压工作。潜艇资格认证的平均等待时长正不断下降。现在,当我早晨来到圣塔菲号时,潜艇已经成了像蜂房一样各司其职、井然有序的地方,而不是一群人正等着被许可。

尽管如此,我还是不确定我们是否真的做好了被调用的准备。过去6个星期,我们进行了狂热而紧张的训练。返回珍珠港后,潜艇进入维修期,这是我们9个月以来的最后一次大型维修机会。有很多令我担心的设备故障都写入了维修清单,包括声呐系统、氧气发生器、导弹管、鱼雷管、电力设备、指挥控制系统的更新,等等。除此之外,在被调用期间,虽然我们每天、每周和每月都会进行例行维修以保持设备的最佳状态,但是现在我们依然需要进行一些常规维修调试。船员们将所有的维修工作做完,做好了航行准备。虽然我们经常计划在大型维修期间进行军事训练,却事与愿违。现在我们还有一个星期的时间做准备。我们将不再有时间去尝试管理实验——我们的新模式是沉入海底还是扬帆起航。

火,火,着火了!

对我们而言,潜艇失火是致命的安全事故之一。不仅是浓浓黑烟会迫使我们使用应急空气呼吸装置,而且潜艇能见度也会降至零。若不及时抑制火势，火势蔓延后，潜艇封闭的环境将会导致热量和气压攀升，使赖以生存的空间变为地狱。1988年4月，在硬骨鱼号[①]上发生的火灾导致3名船员死亡，由于大火中热度过高，以至于站在甲板上的船员的鞋子都被融化了。

最佳救火时机是火灾发生后的两分钟内。研究结果表明，我们需要在两分钟之内在消防软管中注满水并洒向失火地点。

当火警警报响起时，我正站在船员餐厅前部，那里有许多核反应堆操作员正在训练。虽然部门长官具体负责每次演练计划，但是由我批准所有演习计划，包括什么时候开始演习及演习如何展开。工程部门向演习的监督人员报告这次火灾计划发生在储藏室，位于船员餐厅的尾部。我想看看演习的情况如何，因为我之前对于相关人员寻找就近灭火器和消防软管时间过长而不能有效灭火的情况感到担忧。

在圣塔菲号上，最近的消防软管位于船员餐厅前部的过道上，距离火灾地点大约50英尺。

这次演习应该能够轻松完成。因为整个工程部的40个人正在船员餐厅内进行训练。

火灾已被探测到，火警警报响起。接下来会发生什么事呢？核反应堆操作员四散着离开火灾现场，他们只顾着跑。没有人注意到在他们的逃离途中，消防软管正悬挂在舱壁上。而真正负责消防软管的船员们却拿不到消防软管，因为大量核反应堆操作人员挡住了

---

① 白鱼级（Barbel Class），常规动力潜艇，USS Bonefish-582。——译者注

其救火的路径。为什么这些操作人员不可以自己拿起消防软管、摊开、加压并在 60 秒之内完成所有救火流程呢？

因为潜艇部队并没有将救火作为核反应堆操作人员的训练科目。海军所倡导的理念是：最好的操作应该是由最专业的人员按照标准工作流程进行的[①]。就潜艇救火而言，海军相关条例规定火灾发生时，正在执勤的值班人员对消防软管的使用负有全部主体责任。这一规定的初衷是考虑到如果火灾发生在凌晨 3 点，我们不能指望有很多船员能够快速赶往火灾现场，因此要独立自主地组织救火行动。所以，我们将值班人员当作应急消防人员，值班人员可以离开值班室并处理火灾救援。这算是值班人员职责条例的一个特例，因为擅自离开值班室在一般情况下是不被允许的。

在未来数年间，当潜艇被不同类别的检查团队评估时，检查人员拿着写字夹板询问负责喷枪的值班人员的值班时间和姓名。"我是负责位于潜艇前部辅助室的值班人员。"检查人员会查看值日安排表并确认值班人员身份是否与之匹配。如果不匹配，这将是一个漏洞，是违反值班条例的行为。

这是体现"我们被流程所摆布"的又一个例子。我们的初衷从灭火变成了遵循工作流程。因此，我们目睹了圣塔菲号火警演练中一个个近乎"疯狂"的举动。

还有一个潜在问题扭曲了船员的行为——船员们没有动机去尽快扑灭一场模拟化的火灾。

[①] 救火应该由具体负责救火的人员按流程进行灭火，操作人员负责核反应堆，他们对于救火既无主体责任也无专业资质。——译者注

之前的演习指导方案只预演固定的几种火灾情况。在演练中，这些火灾情况的发展趋势与船员的积极响应没有任何实质性的联系。比如，即使船员立即拿来了可移动式灭火器进行灭火，火势依旧在蔓延。即使船员在两分钟之内拿来了高压消防软管并用水喷向火焰根部——使用适宜的灭火技巧、配备适宜的灭火设备和穿戴硬底鞋，火势依旧在蔓延。[1] 在这种情况下，[2] 需要几根火灾软管和持续不断的努力才能将火扑灭。潜艇上将会充满浓烟，我们需要上升到潜望镜深度并打开通风设备。这将是持续一个小时的火警演练。指导方案背后的思考应该是船员需要为了预防所有可能情况而进行演练。

我们将改变这些问题。

机制：规定目标，而不是做法

第一，我们要改变动机问题。我们授权演习现场的监督人员根

---

[1] 这两个假设指的是按照正常情况，在规定时间做以上动作，火情应该迅速得到控制。作者观察到的火灾演练情况是船员们做了相同动作，演练中的火势却继续蔓延。与实际情况不符，也让船员们认为自己按照流程救火，对于火灾毫无作用，那为什么还要积极呢？——译者注

[2] 演习应该贴近实际，贴近演练初衷，不可以为了演练而演练。作者大致将演练分为两种。一种是常规急救方法就可以直接灭火，也就是在演练中，消防人员越早做出常规急救方法，火灾灭得越快。这类演练的目的是鼓励船员运用这些手段有效应对火灾。第二类是长久灭火，指的是常规方法使用后，火势没有得到控制的情况，那就需要进行如作者后面所阐述的方法。作者要表达两个中心意思：第一，演练要涵盖各种情况；第二，演练要贴近真实情况。——译者注

据船员的响应方式来调整火灾演练的情况。

如果船员在最开始的45秒内使用了可移动式灭火器,火被扑灭。演习结束。

如果船员将高压软管搬运至火灾现场花了两分钟,火被扑灭。演习结束。

这些火灾情况被认为是与现实情况契合的。

现在船员们在实际情况下需要做的事情应该也是我们希望他们做的事情:用可移动式灭火器和高压消防软管去灭火,不受行政限制和干扰因素的阻挠。

第二,我向船员们阐述我们的目标就是灭火,并且我不关心究竟是谁实际负责消防软管。他们积极响应,我们极大地提高了火灾响应时间。现在,当火警警铃响起时,离火灾地点最近的船员们独立自主地组织了火灾救援。

第三,我们也修改了意外事故应对机制的其他方面。

在应对意外事故的时候,广泛运用于全军的常规做法是使用简洁而精炼的指令。例如,在潜艇发生火灾期间,现场人员必须口头描述他所看到的火灾情景。我们没有监视潜艇的摄影设备,因此,在指挥室的指挥官或位于潜艇周围的其他人并不知道火势情况。我们对于语言的限制阻碍了描述火灾情景的准确性。我们只能用"着火"来涵盖从熊熊燃烧的火墙到一个干衣机烘干胆管冒烟的所有与火灾有关的情景。虽然我们的常规做法是使用标准化用语,但是我们在此基础上还添加了更丰富的情景描述语言,比如是否存在明火。这种描述你所看到情景的方法是"将想法说出来"机制的延伸。

损害管制中心的长官们负责管控潜艇意外事故响应机制。损害管制中心的部门领导办公室位于指挥官特等舱内，配备图表、状态图板和对讲机设备。

我们开始向船员们解释未来的意外事故演练将有所不同。我们为什么不直接告诉他们需要达到什么目标呢？毕竟，在一次真正的意外事故中，这就是我们希望他们做到的事情。所以我们用清晰、准确的语言告诉他们："离火灾最近的船员应该用可移动式灭火器来灭火。"损害管制中心会播报相关的信息，比如"辅助室需要一个热像仪"。而损害管制中心却不会指明谁或如何将热像仪送往辅助室。船员们需要独立去想办法解决。拿着热像仪的船员将前往辅助室，当他经过一个对讲设备的时候，他可以报告"高级军士长沃尔舍科带着热像仪正赶往辅助室"。这也是"将想法说出来"机制的具体表现。

我们发现这种"分散化"的管理模式使得损害管制中心的工作更有效率。

我们也完全改变了一些常规的做法，比如通过一些实践保持潜艇的安静。秘密行动是潜艇的生命，尽量减少不必要的重击和噪声是每一艘潜艇的命脉。

一天晚上，我正站在控制室，负责声呐的沃尔舍科高级军士长从声呐室向我报告："我们潜艇的 transient[①] 过大。"这种瞬态噪声可以由多种因素造成，从一把扳手不小心掉在了工程室甲板上到

---

① "transient"指的是圣塔菲号内部的瞬态噪声。——译者注

过快地开启通气阀门都有可能。瞬态噪声大并不是什么大惊小怪的安全事故，声呐会持续不断地监控圣塔菲号并报告这些声音的"违规"现象。

这个时候，值星官根据标准工作流程询问潜艇值班人员，并弄清楚了他们正在干什么。我们据此可以确定瞬态噪声的出现位置及原因。这是一种"自上而下"的管理模式。

但这一次，沃尔舍科高级军士长来到控制室并建议改变这种常规做法。与其我们去寻找声音"违规"行为，不如告诉值班人员如果他们造成了瞬态噪声，应该立即通报值星官。这将节约很多排查时间，并且从使用"自上而下"模式转变为每个人都有责任去维护潜艇的秘密特征。

我们进行了新的尝试。

并不是所有人都认为这种新的尝试会产生效果。首先，新尝试是与众不同的。潜艇里的一些"老人"抱怨，我们将失去对潜艇内部声音控制的优势。他们认为新的尝试是对值班人员的纵容。我们允许值班人员制造任何他们想制造的噪声，而值班人员只需要承认错误就可以了。

然而，他们所担心的现象终究没有出现。与声呐监控瞬态噪声的数量相比，我们从值班人员那里获得的相关信息正在与日俱增。没有人大声吼叫，没有人严肃批评。我们只是分析何时、何因，以及瞬态噪声的产生过程。瞬态噪声的来源包括水槽加压、在压力状态下转动阀门、使用液压装置、变更蒸汽状态或改变润滑油系统的状态分布。很多瞬态噪声的发生位置位于工程室的尾部，而主要声呐系统位于船身前部，所以这些噪声不能被监测到。

不偏不倚地处理所有瞬态噪声问题而不是只关注探测系统所探测出来的噪声问题，我们的潜艇比之前更安静了。

我们来到圣地亚哥并迎接检查人员的检查，虽然这次检查是对我的领导力和船员操作能力的重大检验，但是我发现，即使在开展检查工作的前一个晚上，我的内心依然非常平静。通常情况下，主体领导责任和下放大部分决策权之间的冲突会让我非常不安。我将内心的平静归功于我的"虚心求教"和"真正的好奇心"。

检查结果证实了我的自信。船员们表现优异，马克·肯尼准将认证通过我们的调用资格。当我看到很多船员使用"三名原则"时，我备感欣慰。圣塔菲号的名声正在得到提升。现在我们需要做的是返回珍珠港，进行几个星期的最后准备工作和装载。我们将于6月18日正式被调用，这比预计调用日期早了两个星期。

这种向船员们详细地说明我们的真正目标是尽快将火扑灭的方式是"才能"的一个主要机制。因为"规定目标，而不是做法"是"才能"的一个机制。在这个例子中，正是因为"规定目标，而不是做法"，船员们想出了最好的方式去扑灭大火。只要他们不受指定办事方法的限制，他们就可以想出许多独创性的方法来节约反应时间。还有一个例子是，我们总是严格地按照官阶为船员们提供铺位，但船员们发现，某些铺位比从其他铺位更容易获得损害管制设备。通过重新分配铺位，我们将某些特殊铺位分配给具有特定职责的船员，这些船员可以更迅速地对意外事故进行反应。从某种程度上看，"规定目标，而不是做法"也是一种追求卓越而不仅是避免

第三部分 才能

错误的"阐明"机制。在圣塔菲号上，我们经常发现工作流程往往取代了实际工作目标而成为终极目标。虽然我们不希望人们因为无序而失败，而且我们也需要遵循工作流程和严谨的规范，但是我们应该对这样一种倾向保持警惕态度。

详细说明目标及做法是决策权下放不能顺利实行的问题之一。

给予你的员工目标，让他们自己去思考适宜的做法。

供你思考的问题

★ 你的工作流程是你的主人还是奴仆？

★ 你如何在遵循工作流程的同时确保员工们的脑海里依旧记得公司目标是什么？

★ 你最近是否有复审你的行动条例，并用清晰、明确且详细的条例来代替笼统的术语？

★ 你的员工是否因为遵循工作流程而忽略公司需要完成的目标呢？

第四部分　阐　明

当更多的决策权下放至指挥体系的中下层，让组织内的所有人了解其目标就变得越来越重要。这叫作"阐明"，这是"下放决策权"的第二个支柱。

"阐明"是指位于组织各阶层的员工要清楚并完整地了解组织的目标。这是必要的，因为组织里的员工需要根据一系列的标准做出决定，其中就包括组织想要完成的目标是什么。如果目标的"阐明"被误解，那做决定所凭借的标准就会偏离，人们就会做出次优的决定。

在这部分的各章节中，我将介绍通过强调"阐明"而制定的一些机制，从而实行"领导者—领导者"模式。这些机制有：

- 追求卓越，而不仅仅是规避错误（在第 7 章已介绍）。
- 建立信任并照顾你的员工。
- 用你的过往经历去激励员工。

- 将指导原则作为决策标准。
- 用即时性认可去强化期望的行为。
- 着眼于长远目标。
- 鼓励质疑的态度而不是盲目服从。

21
晋升计划

你应该如何照顾员工?其实有很多种方法。

1999年6月18日:珍珠港,夏威夷
(调用进行时!)

我们终于做到了。在圣塔菲号上,我已上任161天并提前两周获得被调用资格。我们为被调用做了万全准备:补给品装载完毕、武器装载并检查完毕、全体船员齐聚潜艇、反应堆运行正常、重要机械设备预热完毕。拖船也组装完毕,做好了将圣塔菲号拖离码头并拖入航道的准备。在那时,我们将解开绳索并朝着通往太平洋的航道进发。没有检查人员,也没有"自私自利,好逸恶劳"的"乘客",只有135名被授予权力并愿意报效祖国的船员。

圣塔菲号从珍珠港出发,将向西航行,途中经停日本。那之后

的几个星期，我们将在西太平洋活动。随后，我们将穿过位于新加坡和印度尼西亚之间的马六甲海峡并进入印度洋。横跨印度洋并最终抵达中东地区。我们将在阿拉伯海及周边地区进行长达几个月的活动，最后返回珍珠港。我们的总活动时长为6个月。

在珍珠港码头，妻子、孩子和其他家庭成员站在一起。当我们解开绳索并将它们抛向码头时，我们听见汽笛的长鸣声。大多数家属抬头看着舰桥。

在那一刻，我完全明白了我的职责是什么。我将领导134名船员远赴几千英里以外的地方参与军事行动，最后将他们安全带回，与那些期盼的面孔再次重逢。那一刻，我内心的使命感熊熊燃起。

我们很快驶出了港湾的深水区，潜艇下潜并向西航行。我召集长官和军士长开会并讨论我们想要完成的目标。"我们的潜艇将在海外活动长达6个月。"里克·潘里里欧少校提出，"除了圣塔菲号已经明确定下的目标，我们还应该鼓励潜艇上的每一个人制定自己的个人目标——学习文化课程、阅读书籍、训练，以及类似性质的事情。"

我表示同意，让我感到印象深刻的是，当我们已经为被调用并做好万全准备时，他接下来想做的事情并不是好好睡一觉。

里克是对的。我询问了许多与会者，他们也有此意。大卫·斯蒂尔军士长对此充满热情。他想学习一些大学课程。虽然海军有相关项目，但是大多数人没有时间或缺乏主动性去好好利用这些项目。

虽然我们决定让军士长们与船员们讨论个人目标，但是我们依旧制定了一些在被调用期间全体船员都必须牢记在心的目标。我们提出了3大主题：授权、效率和卓越的战术战略。在完成3大主题的工作制定后，我们考虑是否应该将这些想法告知不在潜艇上的其他人员。"为什么不呢？"我心里想。对我来说，在对外发送的信息中写下3大主题可以让我们保持思想上的"阐明"、让上司知晓我们正在干什么，以及促进我们的首创精神。

以下是我于6月21日发给上司们的信息，发出时间恰好在我们穿越国际日期变更线之前。我在谨慎的情况下尽量发给更多人。

来自：圣塔菲号核潜艇
主题：圣塔菲号调用目标

信息备注：

1. 圣塔菲号正向西航行。我的军士长和船员珍惜这一次被调往国防第一线的机会，他们做好了应对任何挑战的准备……
2. 在与圣塔菲号长官与军士长商讨之后，我制定了"授权、效率和卓越的战术战略"3大主题。在被调用期间，我们将持续不断地围绕这3大主题提升我们的表现。
（1）授权：我计划授予船员们权力，激发他们的首创精神去完成个人目标及职业目标，比如努力提高竞争上岗考试的表现、鼓励参与海上大学教育计划（Program for Afloat College Education，PACE）和其他独立性的学习计划、增加体能训练。如果对于提升船员的工作满意度有帮助，我将会适时将更多的权力和责任下放给船员。自从担任圣塔菲号指挥官以来，我已着手于这一主题并取得了一些成功。我已收到 10 名船员想在海湾地区继续服役的请求。

（2）效率：为了完成授权所引申出来的目标，我们必须大力提升船员的效率……我们努力提升潜艇上一切相关事务的效率，从更加严格地进行演习训练到消除备餐与服务的低效率。

（3）卓越的战术战略：我计划继续追求战术战略上的卓越。我们将尽力释放圣塔菲号战斗效能，具体聚焦在为航母战斗群提供充分的潜艇支持、国家任务派遣、打击作战和特别行动……

3. 为了提高效率，我正在针对每个目标制定具体措施。我将持续不断地向您报告关于授权、效率和卓越的战术战略方面的进展。

此致
敬礼

大卫·马凯特指挥官

机制：建立信任并照顾你的员工

在离开珍珠港的最初几天，我花了很多时间在潜艇上巡视。我们收到了一个坏消息：晋升公告送达圣塔菲号，根据竞争上岗的考试结果，船员们表现不佳。我知道对于这些船员来说，获得优异的考试结果是强人所难。他们为圣塔菲号获得调用资格倾注了所有精力,他们远离自己的家人长达6个月之久。我想去了解一下令人失望的晋升结果对船员们的影响有多大。

当我所见所闻越多,我越意识到我们之前关于竞争上岗的态度与做法是非常不周到的。虽然我发誓解决这个问题,但是一件一直困扰我的事情是,为什么解决问题的发起者必须是高层?我们不可以让军士长们亲自介入到下属的晋升问题上吗?毕竟,作为军士长,他们明白如何才能获得晋升,这也是他们成为军士长的原因。我将这些怨言放在心里并专注于了解问题本身。

第一件事是我们的船员——我指的是还没有成为军士长的那部分船员,他们占了全体船员人数的80%——并没有完全了解竞争上岗考试的规律。他们听了太多的流言蜚语,获得了太多的错误信息,以至于认为自己无法掌控竞争上岗考试体系。所以我们首先要破除对竞争上岗考试体系不可控的误解。

竞争上岗考试是这样运行的:参加完考试后,所有军士将获得一个综合得分并以此决定其是否获得晋升。这个综合得分由几部分组成:绩效评估,竞争上岗考试得分,奖项荣誉、海军服役时间、海军服役频率和之前参加竞争上岗考试的次数。就综合得分的比重而言,大约1/3的比重来自绩效评估,1/3的比重来自考试成绩,还有1/3来自其他方面。

并不是所有满足条件的士官都可以获得晋升。职位越高,数量越少。对于海军来说,这种金字塔式的人事机制是制定者们深思熟虑的结果。即使海军想让所有人都晋升,也做不到,因为美国国会是向海军人事机制拨款的最高机构,所以它可以决定海军每个官阶的人数分配。掌管海军人事机制的相关人员根据下一个官阶的预定份额来制定综合录取分数。而低于综合录取分数的船员是"通过考试，未录取"。这就意味着虽然他们通过了竞争上岗考试，但是综合得分没有达到晋升标准。

幸运的是，海军会向每位指挥官提供船员考试的具体情况。以前，我们通常把这些考试情况报告直接发给船员并让他们自己去分析并查漏补缺。这一次，我复印了所有的考试成绩并对考试情况进行了统计分析。我做了一张关于考试情况的数据表。我花了几个小时整理排序、相互关联并用图表形式展现数据。

分析结果显示，虽然竞争上岗考试分数只占综合分数的33%，但是通过对比晋升和没晋升人员，这一项得分的差距为80%。而就综合分数里的其他因素来说，比如绩效评估、奖项荣誉、海军服役时间、海军服役频率等，无论是晋升还是没晋升人员，他们基本处于同一起跑线。所以，实际上，竞争上岗考试成绩足以决定一切。就竞争上岗考试成绩而言，圣塔菲号船员的平均得分为51分，而获得晋升人员的平均成绩为64分。考试成绩落后别人10~20分的船员很难在奖项荣誉数量上超过别人，因为你需要获得10个海军成就奖项才可以弥补此差距。

具有讽刺意味的是，这是一个好消息，因为我们自己可以掌控考试成绩。我向船员们反复灌输一个观念：你可以获得晋升，我们会帮助你。我们尝试改善这个状况。

接下来，我们聚焦士官们在绩效评估中表现比较薄弱的领域。虽然海军提供了翔实的考试情况报告，但是这些数据必须以汇总的方式来分析。文书军士在"航行管理"方面表现不好。因为被安排到潜艇上的文书军士并不负责航行事务管理,所以我们需要将这个职责交给文书军士并给予相关培训。后勤保障军士在"燃料补给"方面表现不好。虽然燃料补给管理在常规舰船上非常关键,但是在核潜艇上不是这样的,所以我们在这方面需要给予后勤保障军士相关培训。我们决定让军士们进行模拟考试。当军士们为下一次考试做准备时,我们请求他们根据自己当下的复习内容编写一些模拟选择题。除了将他们的学习习惯从被动阅读转变为主动思考可能出现的考试题目,我们开始形成内部的"竞争上岗模拟考试",将士官们写出的题目整合并放入我们的日常培训计划中。虽然这些题目并不会完全取代已经存在于计划中的内容,但是我们会对简答题进行扩充,我们也会加大模拟考试的难度,使其高于实际考试难度。例如,我们的选择题的选项可能没有正确答案、有一个正确答案或多个正确答案。这就需要对知识有更深刻的了解,帮助船员提升技术能力。在9月的正式竞争上岗考试之前,我们将对船员进行完整的模拟考试。我们并没有将晋升流程看作是游离于潜艇工作之外的项目,而是将其整合并放入潜艇的行动计划中。现在,我们对所有人的利益都进行了精确匹配。

照顾你的员工,不仅局限于工作期间

穿越西太平洋后,我们停靠的第一站日本冲绳位于琉球群岛的中部,岛屿从东北向西南方向分布,直至靠近中国台湾,围成一个弧线,全长 600 英里。1945 年 4 月至 6 月,冲绳是第二次世界大战的一个主战场。如今,美国海军陆战队基地位于冲绳。当我们靠近冲绳时,有两件事情急需解决。

第一件事情是,从我接管圣塔菲号以来,一直与我并肩作战的副指挥官将要被调走,因为他的父亲身患重病,需要照顾。

即将在海外接任副指挥官职位的是汤姆·斯坦利(Tom Stanley)少校。这是一次不同寻常的人事变动,因为汤姆之前在珍珠港从事行政工作,并没有参加预备副指挥官课程培训,也没有花时间参与潜艇的相关工作。我需要让这次不同寻常的人事变动看上去合理。我们需要论证的是:他会在被调用的潜艇上学到更多,还是在位于新伦敦[①](New London)的课堂上学到更多?答案当然是在潜艇上。然而,我们既没有问也没有回答的问题是:圣塔菲号应该如何克服一名经验不足的副指挥官所带来的影响?

第二件事情与首席工程师里克·潘里里欧有关。他的妻子怀有身孕,预产期将在未来几个星期之内。到了冲绳,我想将里克调离岗位。在被调用期间的任何时间点,更换工程师都不会被认为是合理的;现在连副指挥官也要调离的话,这将是难以置信。在 1989

---

① 美国康涅狄格州东南部港市。——译者注

年,我错过了自己女儿的诞生,因为我的指挥官没有及时批准我回家的请求。我希望这个错误不要再出现。

我召集领导团队讨论这件事。我不知道该如何说服负责我们具体行动的顶头上司,让他同意我们的做法。我们所有的交流都是通过内部留言系统进行,没有面对面沟通和视频沟通,也没有电话交流。就像之前很多次一样,并没有提前知晓答案的状态帮助了我。与其进行一个校本化会议,假装我在征求上级意见,还不如进行一次坦诚交谈。最后,我们认为如果我们将一份深思熟虑的计划说明交给驻日本第七潜艇大队司令约瑟夫·克罗尔(Joseph Krol)少将,即负责我们具体行动的顶头上司,计划将会被同意。比尔·格林少校起草我们要发送出去的留言。这份留言的最终内容如下:

来自:圣塔菲号核潜艇
发往:第七舰队
主题:人事变动

总司令,我们潜艇的高级工程师的妻子即将分娩……虽然在行动之前,将潜艇上的两名高级长官调离对于大多数潜艇来说是不合时宜的,但是我的军官室里有很多才华横溢的下级军官,这为我做出这一艰难决定提供了契机。布鲁克斯(Brooks)上尉将会成为代理工程师,就像我说的,他是一名出色的海军军官……除此之外,我还有两名出色的航行监督人员。里克

工程师是一名乐于奉献的同志，他并不是故意给我制造难题，但是我知道如果他不能及时赶到妻子身边，他将会非常失望，我觉得我可以安全地处理好这件事。

居然起作用了！我们的计划被同意了。这一切之所以成为可能，是因为我们的潜艇展示了高超技能并通过我们对于"领导者—领导者"模式的实行，我们拓展了潜艇的人才库。我们的尝试与坚守终于在此刻获得了成效——当一位长官的父亲病重，另一位长官的妻子快要分娩（里克及时赶到了妻子身边）的时候，我们都给予了妥善安排。

我们在提高士官在竞争上岗考试上的表现方面所做出的努力也获得了回报。几个月后，舰上总值日官带着微笑来到我的办公室。他递给我竞争上岗考试结果。我浏览了一下并欣慰地看见斯科特·狄龙（Scott Dillon）由文书小组的组长（YN2）晋升为海军上士（YN1）。他的下一个晋升职位为军士长。与去年相比，我们今年的成绩有大幅提升。总的来说，1999年，我们有48名船员获得晋升，占总人数的40%。通过向船员阐述复习流程并给予他们工具去提高表现，我们授予这些船员足够的权力，让他们将成功掌握在自己手上。我们在2000年和2001年做得更好。

对于船员们来说，除了确保他们有最好的晋升机会之外，我没有太多办法让他们获得更多的钱。我为之付出努力，因为船员们确信我是"他们团队中的一员"，所以对任何建设性的批评，他们都不会虚与委蛇。圣塔菲号绝对不会出现"指挥官与船员对立"的情况。如果我不能让他们相信我正在为他们谋福利,当我叫他们努力工作时,那将会更加艰难。

"建立信任并照顾你的员工"是"阐明"的一个机制。

虽然在船员工作不严谨的时候我不够宽容并且太直率,但我在努力克服,然而我并非总能如愿。随着时间的流逝,我发现当我将批评意见脱口而出时,船员们不会感到气愤。他们不会将这些批评当作是人身攻击,因为他们知道两个星期之前,他们的指挥官正想尽一切办法让他们晋升。

当今,你很难找到一本不鼓励你"照顾员工"的领导力书籍。我所学到的是:照顾你的员工不意味着保护他们不受自己行为所导致的后果的影响。这种错误的做法只会导致缺乏担当精神。它的真正含义是给你的员工所有可用的工具和有利条件去获得他们的人生目标,超越他们的具体工作职责。在某些情况下,这意味着教育进修;在另一些情况下,船员们的目标与海军生活互不相容时,它们会以融洽的方式分离。

供你思考的问题

★ 你和你的团队想要完成什么目标?

★ 作为一名领导者,你如何帮助员工完成目标?

★ 你是否会尽一切可能让员工获得所有可用的工具来获得职业和个人的目标?

★ 你是否会在无意识的情况下保护员工不受他们自己行为的影响?

22
激励常在

你的组织是否拥有丰富的历史积淀？虽然我们有，但是我们不加以利用。

1999年7月2日：西太平洋
（坐镇指挥）

"580英尺，下潜角度23，航速18节。"

圣塔菲号正朝海底快速下沉。虽然我们获得了调用资格，但这并不代表我们不再进行意外事故演练。这一次的高速下潜是机械故障导致的。演练模拟内容是由于尾舵失灵，导致潜艇以最大的向下角下潜。在潜艇高速航行时，此现象的发生是十分危险的，因为潜艇会出现快速下沉的突发现象。

我们立即采取合理措施。潜艇主机紧急倒车，艏升降舵完全上翘，使用紧急高压气体将位于潜艇前部的压载水箱内的水排出。

"600英尺,下潜角度25,航速14节。"

"610英尺,下潜角度26,航速12节。"虽然还在不断下潜,但是速率变慢了。潜航值星官正在报告下潜深度、下潜角度和航速,在控制室的每一个人都能知晓潜艇的最新情况。他坐在升降舵手的后方,从那里可以非常清楚地看见仪表盘;通过仪表盘的数据,我们可以知道潜艇的管制情况。当数值的变化频率变慢时,他说话的声音也变得缓和了。现在,应急措施已经操作完毕,他正等待舰上总值日官下达补充操作的相关命令。

现在,就是现在,我心里想着。潜艇向下倾斜的趋势已经从本质上得到了控制,航速正逐渐放缓,下潜速率达到最小值。现在到了用高压气体[1]清空压载水舱内的水并将主机变为"全面停车"状态的时刻了。如果指示后退的铃声持续时间过长,潜艇就会开始以后退的移动方式在海中穿梭,这不是我们想要的结果。

舰上总值日官焦急地向四周张望。这不是一个好的迹象。在意外事故期间,我会观察演习人员的眼神。就处理意外事故而言,如果他们焦虑不安,是不好的;如果他们仅仅遵循工作流程,是不好的;如果他们没有集中注意力,是不好的;如果他们根据某些具体迹象所提供的必要信息来做下一个决定的话,那是好的。

在执行这个操作阶段时,经验不足的军士长们通常会将等待时间拉得过长。他们希望看见上升速率出现后,再开启通气按钮。到那个时候,操作时机就太晚了。虽然通气装置内的膨化气流可以逐

---

[1] 从通气装置喷出,通气装置位于压载水舱内。——译者注

渐产生越来越大的正浮力，但是不能瞬间产生。潜艇会以陡峭的倾斜角上仰，仍然处于失控状态。

如果舰上总值日官不在接下来的几秒之内下令开启通气装置的话，演练监督人员将介入并判定演练失败。虽然我非常想用手电筒照向通气装置开关（作为温馨提示），但我还是忍住了。

值星官斯科特·狄龙上士将他的手提前放在了控制潜艇前部通气装置的按钮上。舰上总值日官注意到了这一举动……

"值星官，开启前部通气装置，保持船舵，主机'全面停车'。"

"开启前部通气装置。"

"主机'全面停车'。"

"前部通气装置已开启。"

"演练结果显示主机已'全面停车'。"

对，就是这样。演练完美结束。潜艇逐渐悬停并保持平衡状态。

"值星官提前将手放在控制潜艇前部通气装置的按钮上"的举动是这次演练成功的关键。

我问狄龙："为什么你会有这样一个举动？"

他解释说，他知道那是流程的下一个步骤，并且由于"谨慎行事"的机制，他想为接下来的指令做好准备。在同一时刻，他用手势示意舰上总值日官；在不耗费更多说辞的前提下，告诉总值日官接下来需要下达什么指令。

这样看起来，我们又了解了"谨慎行事"强大的另外一面——"谨慎行事"的预期性。值班人员的手势示意接下来他要进行的操作，其实反过来也提示了团队其他成员和上级监督人员他们

第四部分 阐明

现在应该思考什么。这是强有力且有帮助的。

以后，无论我们什么时候谈起"谨慎行事"，都会提及它的综合效益。它不仅可以使自己或别人减少错误发生的概率，为演练检查团队的提前介入创造机会，而且它还是团队合作的重要组成部分。从多个角度看，它都是卓有成效的。它是一种"自下而上"的"示意"行为，其卓有成效还因为临近的值班人员可以在潜在错误发生之前将其扼杀在摇篮里。这是将"谨慎行事"运用于实践的极佳例证。

机制：用你的丰富经历去激励员工

演练结束后，圣塔菲号穿越中国南海，向南航行。穿过马六甲海峡，我们向阿拉伯海推进。我回到轮机舱，在固定式健身脚踏车上开始锻炼（毕竟和其他人一样，我也有个人目标）。

几分钟后，我听见"请注意左舷"。说话的是舰上总值日官大卫·亚当斯上尉，声音是由一号公共扩音装置发出的。

这非常不寻常。之前通过一号公共扩音装置发出过的信息中，我从来没听过"请注意左舷"、"右舷"或其他部位的类似内容。我从脚踏车上下来。

"我们现在经过的这片海域是1943年9月茴鱼号（USS Grayling，SS-209）潜艇沉没的地方。"

几分钟后。"播报完毕，潜艇将正常前行。"

啊，这是一个很好的想法！二战期间，美国海军共损失了52

艘潜艇，茴鱼号就是其中之一。当我们在西太平洋活动时，偶尔会经过其中一艘潜艇沉没的地点。虽然有些事故的沉船位置很精确，但是在一些情况下，比如像茴鱼号，具体时间和地点仍然是个谜。我们已知的信息是 1943 年 8 月 23 日，茴鱼号将补给品运给位于潘丹湾和班乃岛的游击战士。随后，潜艇离开马尼拉并开始执行搜寻日本商船的行动。美国海军根据战后从日本获取的记录和无线电通信内容，估测了潜艇沉没的时间和地点。

作为潜艇的一员，虽然我们有着丰富的历史财富，但是没有正式的计划去使用这些历史过往来激励船员。在圣塔菲号上，我们采用了一些措施，使我们与丰富的历史财富联系起来，并向我们的新船员讲述美国潜艇部队二战时期取得的成就。我们在每日计划表（Plan of the Day，POD）上添加了"历史上的今天"。当我们接纳新船员的时候，我们都会将圣塔菲号的荣誉勋章或所参与过的战役读给他们听；当我们经过潜艇沉没地点时，我们会告知船员。回到珍珠港后，我们参观了波芬号潜艇[①]博物馆（USS Bowfin Submarine Museum），我们把这次活动称为长官培训。

虽然我担心船员们会认为我们的某些做法有些古怪，但其实完全不存在这样的事。这些做法帮助我们达到了组织的"阐明"——我们是谁，以及为什么而战斗。

"用你的丰富经历去激励员工"是"阐明"的一个机制。

很多组织在事业初期非常注重激励，但是在之后的某个时期就

[①] 波芬号潜艇是在珍珠港被袭后披挂上阵的，二战结束前，在太平洋击沉 44 艘敌舰，外号"珍珠港复仇者"。——译者注

第四部分 阐明

莫名其妙地放弃了。我敦促你去挖掘那些在事业初期或艰难时期所形成的使命感和紧迫感。随着事业的不断壮大,你必须要找到实实在在的方法去保证这些东西的活力。最简单的一个方法就是谈论它们。将它们嵌入你的指导原则,将它们用在效率评估报告书和船员的颁奖致辞中。

在潜艇部队中,虽然我们拥有光辉的、无私的和丰富的历史来展现我们的报国之心,可是我们讨论它们的时候,近乎局促不安。我并不支持"杀掉那些坏家伙"式的欠考虑的文化熏陶,并且这也不是历史真相。我们只需要真实地面对历史。

后来,艾尔·科内兹尼少将邀请我去华盛顿特区。作为太平洋潜艇部队的代表,我与国防部和潜艇军工企业的领导者们一同参与了这次大型会议。有许多退伍海军上将坐在观众席中。会上,我做了名为"精神永存"(The Spirit Is Alive)的演讲。我讲到如今在海军服役的年轻船员们是如何理解和领会美国海军的历史的,我们一定会以我们的方式坦诚地面对历史。演讲很成功,听众们起身鼓掌,掌声在会场久久回荡。

供你思考的问题

★ 你的组织有怎样的历史?

★ 这些历史是如何清晰地阐明组织的目标的?

★ 在你的组织里,你是如何将这些历史巧妙地植入每个员工的内心的?

23
指导原则

在组织内,指导原则是否能帮助员工做出决定?我们想出了一种方法实现这个目标。

1998:纽波特,罗德岛,领导力指挥学院（Command Leadership School）（接管圣塔菲号的前一年）

"马凯特指挥官,你能否到我这儿来一下?"我被召唤去接受老师的问询。

在长达一年的预备指挥官培训课程中,领导力指挥学院的两周更像是受人欢迎的"休假"。这两周里,我们会接触一些阅读材料,开展谈论并做一些练习。其中的一个练习是为我们即将到来的指挥官生涯制定指导原则,我交上去一张白纸。

"你知道自己交的是一张白纸吗？"

"是的，我知道。"

"你不认为作为一名指挥官，你有责任去绘制一幅指挥蓝图吗？"就老师的口气而言，与其说是发问，不如说是陈述事实。

"我不同意您的说法。我认为作为一名指挥官，我的职责是深度挖掘并释放隐藏在指挥权内部的潜在能量，发掘其优势并消除阻碍其发展的因素。"

虽然老师用惊讶的眼神看着我，就好像我长了3个脑袋一样，但是我知道他不会让我不及格。

当我首次登上圣塔菲号的时候，我向长官和军士长发送了一份调查问卷，询问他们指挥权应该具备哪些优势及我们的指导原则应该是什么。然后我们通过几次会议挑选出我们想要遵守的原则并对它们进行具体定义（约束条件：选出的指导原则及定义内容的总量控制在一张纸上）。然而，由于我们忙于处理圣塔菲号的首次航行、检查工作及维修任务，所以除了搜集调查问卷初期结果，我们没有再继续下去。

在被调用期间，我们终于有时间完成指导原则的定义工作。

在军官室，我利用两个晚上的时间先后召集军士长和长官谈论这件事。我希望指导计划可以落到实处，而不仅仅是悬挂在某处的摆设。在思考指导原则和它们的实用功效时，我问了自己这样一个问题：如果我是一名船员并面临着在两个不同行为之间做决定时，这些指导原则是否能提供正确的判断标准并帮助我做出合理的决定？

指导原则的初衷就在于此：为决策提供指导。

圣塔菲号核潜艇指导原则

首创精神

首创精神指的是在没有上级具体指示的情况下，我们采取行动去提高自身的专业技术能力、为达到目标配备适宜的领导方式并针对具体问题找出解决办法。当指挥体系中的每个人都积极主动地面对工作的时候，其影响力是巨大的。一直以来，首创精神既是美国军人的一个特质，也是我们获得成功的一个重要原因。指挥体系中的每个人都有责任保证下属的首创精神不被扼杀。

创新

创新指的是寻找新的方式去处理同样的事物。它也意味着当事人知道哪些领域在平均水平之上，并且适合于创新、拥有敢于改变及承担失败的勇气。

精通的技术知识

现代潜艇构造十分复杂。精通的技术知识意味着我们每一个人都有责任不断吸收各自领域的前沿知识。我们依据理性的技术分析而不是希望来做决定。我们了解各值班地点的具体细节及各系统之间的相互关系。我们努力地学习。

勇气

勇气意味着我们选择做正确的事情，即使这可能让我们感到不舒服。它不意味着按照下属、同僚或者上级想看到或听到的方式去行动或阐述观点。它意味着勇于承认错误，即使错误本身是丑陋的。

责任与担当

责任与担当意味着我们在工作期间尽职尽责。我们展现最好的一面。来此处工作是我们庄严的选择。

锐意进取

锐意进取指的是我们如何变得更好。在工作中，我们尝试不同的方式学习新的知识和经验，不断地优化工作流程和自身能力。领导体系各阶层的工作人员有责任发展和建立激发锐意进取精神的相关机制（比如"不要简报，请证实"）。

诚信

诚信意味着我们对于别人还是自己都采取坦诚相待的态度。这意味着我们拥有一个充满事实的地基，我们探究事物的本来面目而不是期待中的样子。诚实意味着每个人都充分参与到汇报流程中，根据实际情况对方案做出修改。

授权

我们鼓励那些官阶在我们之下的船员采取行动，并在他们犯错误的时候给予帮助和支持。我们采用管理职责授权的办法，明确阐述我们想要完成的目标，并在具体行动方案上给予适当的自由裁量权。

团队协作

从传统意义上来说，船员们是以团队协作的方式开展工作的，因为一个船员的失误意味着全体船员的灾难。我们是一个团队，而不是互相倾轧的利益小集团。领导及各阶层的工作人员有责任执行相关机制去鼓励和奖赏团队协作精神。我们以积极的方式互相帮助。

开放

我们实行参与式开放：说出某人内心想法的自由。除此之外，我们实行反思式开放，这会让我们深入思考。我们挑战自己的思维方式，规避以"听的方式来反驳"的陷阱。

及时

及时指的是我们按时做该做的事情：准时开始工作、准时完成资格审核、准时开始潜艇状态变更和军事演练，以及准时到达集结地点。及时的态度也认同以更快的速度去完成大部分事情是更好的；努力减少固有的延迟和时间滞后将会使组织更有效率。

让各阶层充满领导力！

机制：将指导原则作为决策标准

虽然领导们喜欢将指导原则贴在办公室的墙上来展示，但是这些指导原则常常不能真正成为组织构造的一部分。在圣塔菲号上，我们会避免这种情况发生。我们会通过一些措施强化这些指导原则并让船员们实实在在地感受到它们的存在。例如，当我们写颁奖词或者评估结语的时候，我们尝试用指导原则里的语言来表达具体行为。"当 M 士官……的时候，他展现出勇气和开放的态度。"

当我的行为与指导原则发生偏差的时候，也需要频繁微调。例如，在没有仔细听取一名船员阐述其创新做法的情况下，我可能一开始就会不予考虑地否定这名船员。虽然我希望船员们能够坦诚相待，我却用暴躁的脾气而不是沉思的好奇心去处理了故障报告。当指导原则能够对我有所帮助时，它们也更有可能帮助别人。

指导原则必须准确地反映真实存在而不是构想中的组织所遵循的原则。对于组织定位的错误认识导致了问题的出现。这些指导原则将会成为员工决策的标准，如果指导原则与实际组织情况不符，决策将不能与组织目标相匹配。

例如，我看过这样一个组织。虽然组织强调"安全至上"，但是其真实的追求是利益，并且认同在"合理"的情况下，通过对安全的损害实现利益最大化。毕竟，最安全的方法是关闭组织并遣散员工。但是如果指导原则中不承认安全和利益是可以找到平衡点这一观点的话，组织将会出现错误传达、缺乏公信力（因为所有人都知道事情的真相）并做出与目标不匹配的决定。

"将指导原则作为决策标准"是"阐明"的一个机制。

大部分组织都有指导原则,你可以走出办公室询问最先遇见的3个人指导原则是什么。我曾经参观过一个组织,该组织座右铭用拉丁文书写,并自豪地展示在显眼的地方。我向所有人询问座右铭的意思,只有首席执行总裁知道其含义。这是不行的。

供你思考的问题

- ★ 你如何简化指导原则,以便所有员工都能理解?
- ★ 你如何向别人传达你的原则?
- ★ 你会在评估结语和颁奖词内提及指导原则吗?
- ★ 对于员工来说,你的指导原则是否能作为有用的决策标准?
- ★ 你的员工是否将指导原则作为决策标准?
- ★ 你是否了解你的指导原则?其他人知道吗?

24
即时认可

当员工获得成就时，你是否在事情过去很久，甚至员工自己都忘记此事的时候才给予认可？我们认识到，不能让行政滞后干预员工的成就认可。

1999年7月10日：马六甲海峡

圣塔菲号浮出水面，正向西穿越马六甲海峡。这是一次艰难的航行。每天有超过160艘大型舰船——几乎是世界油轮总量的一半——在马六甲海峡穿行。由于水位过浅，任何潜艇都必须浮出水面航行。对于潜艇来说，这一海域是反常且不舒服的。毕竟，潜艇的设计初衷是不被看见，其水面航行速度是慢于水下航行速度的。

在新加坡附近，渡船和配备绳索的拖船给新加坡与印度尼西亚附近海域造成了严重的海上航路交叉问题。最后，在东向与西向的海上交通要道的间隙之间，有大量的渔船——有些比桨叶式冲浪板还小，它们时不时会驶入主航道。

为了应对这3天的艰难航行，我们的计划是将潜艇紧缩在其中一艘向西行驶的大型油轮后面，我们与大型油轮相距1 000码，借着油轮的庇护我们缓慢前行，就像环法自行车赛的骑手一样。其他船只一般都会绕开尺寸大且能看见的油轮，我们便会获得一条通畅的航道。需要掌握的技巧是我们要紧跟着前方油轮，阻止其他船只插进来，同时我们又要与油轮保持安全距离。在舰桥上，我与新任副指挥官汤姆·斯坦利少校平分值班时间。我负责前12小时，然后他代替我；他值班12小时后，我继续值班。

第一天晚上，当我们经过位于潜艇右舷周围的新加坡"灯"[①]的时候，我发现一束昏暗的灯光正向我们移动。

当我尝试弄清楚发生了什么的时候，舰上总值日官里克·潘里里欧大声叫道："潜艇主机紧急倒车，右满舵！"

负责引擎节流阀的工作人员来到操控室，关闭前进节流阀并迅速开启倒车节流阀，使主机和螺旋桨倒转，潜艇立刻开始震动。向我们驶来的是一艘亮着暗光的拖船，当时拖船和绳索分别位于我们航道的两侧。

我们的潜艇差一点撞上连接拖船和驳船的绳索。

我从舰桥下来并径直走到操控室，我对工程团队的努力表示赞赏。负责引擎节流阀的工作人员不仅是一名士官，而且恰好是那位

[①] 晚上新加坡附近的渔船开灯打捞，只见灯火，不见船身，所以被称为新加坡"灯"。——译者注

之前将"红色标签"移到旁边而产生岸电事故的主要涉事人员。这一次,他却帮助潜艇避免了撞船事故的发生。我叫来负责提供奖章的斯科特·狄龙上士,吩咐他给我拿一个海军成就勋章。我拿着勋章来到船员餐厅,这位士官和其他交班工作人员正在吃早餐。我将勋章给这位士官戴上并对其专业精神表示了感谢。之后,虽然我也正式地向全体船员通报了他具有典范意义的举动,但是对于船员成就的即时性认可仍然非常重要。

机制:用即时性认可去强化期望的行为

行政程序妨碍了即时性认可。我们通常在船员离职前三个月才开始陆续颁发奖章,而很多时候我们都会等到船员离职的最后一个星期才开始追踪查询应颁奖项。我说的即时性认可,是指认可必须立即给予,刻不容缓。不是30天后,也不是30分钟后,而是立即、马上。

看看你们组织的奖章结构,奖章数量是否有限?会不会导致某些人与另一些人明争暗斗?这样的结构将会导致基层的互相竞争。如果你希望通过奖章结构获得团队协作,那你需要改变原有的结构。

如果奖章是充足且无数量限制的,它们会促使你的团队一致对外——外部竞争对手或大自然。我喜欢把它称为"人 VS 自然"奖章而不是"人 VS 人"奖章。每一个能够在两分钟之内将消防软管运送到火灾现场的团队就可以获得奖章（这个奖章可以是"优等"称号）。某些目标涉及人身安全因素，在这种情况下，让最短时间的前 10% 获得"优等"称号是不合理的。一方面，最佳成绩可能是 3 分钟。如果你将奖章颁发给成绩最佳的那一部分人，实际上你是将奖章颁给在实际火灾中丧命的那群人。另一方面，如果团队的训练成绩在标准时长之内，你没必要花更多的时间和精力去磨炼这一项技能。将精力聚焦在其他的问题上更好。

然而，最重要的改变是所有的团队成员（在我们的例子里是所有的船员）现在都成为协作者，一起对抗一个共同的外部目标而不是在内部互为对手，互相倾轧。我试着改变的其中一件事情是合作与竞争的边界。当我接管圣塔菲号时，潜艇内部的船员互相竞争：各部门为了争夺称职报告的名额而明争暗斗，负责核反应堆的工作人员互相指责没有提供某个零部件，等等。我们谨慎地将边界推向潜艇的最外层。我们强调"在圣塔菲号上没有'他们'"。我们需要保持潜艇内部的团结协作，而用竞争与对抗的态度来针对别的潜艇，要是潜在敌人就更好了。

"用即时性认可去强化期望的行为"是"阐明"的一个机制。

有一些人担心拥有一个固定目标会减少锐意进取的动力，产生一种"我们只要达到目标就好了"的心态。虽然在一些情况下，绝对评分是合适的，但是在另一些情况下，相对评分也是合适的。两者兼顾没有理由不行：根据固定目标给予评分和根据团队与其他所有团队的较量表现给予评分。

仅将相对评分的相关数据提供给团队可以激起的自然欲望，叫作

"游戏化[1]"（Gamification）。如果想了解更多关于"游戏化"的内容可以进入加布·兹彻曼（Gabe Zichermann）的博客：www.gamification.co。

供你思考的问题

★ 你的认可和奖章结构是否可以立刻为优秀员工喝彩？

★ 如果某个员工的行为举止是你所期望的，你如何创造一个评分系统去立刻奖励他呢？

★ 在你的工作地点是否有"游戏化"的具体表现？

---

[1] 利用从视频游戏中借鉴的科技手段来吸引顾客。把在游戏中机械的娱乐应用在非游戏应用当中，特别是在对消费者具有导向作用的网站中，促使人们接受并激励他们使用这些应用，同时争取激励使用者沉浸于与此应用相关的行为当中。游戏化的目的就是令使用者更多地沉浸于上述行为当中，利用游戏本身的特点，使人们主观地沉浸于此。游戏化作品借助技术使其更吸引人，并通过鼓励期望的行为，利用人类心理上的倾向使人们参与到游戏中。——译者注

25
完善组织

你是否陷入短期思考而无法自拔？对于我来说，虽然跳出下一次检查并开始进行长远思考起初是艰难的，但是新思维模式取得了巨大成功。

1999 年 7 月 15 日：印度洋

在之前的章节，我曾提到过我们获得调用资格的时间比预定时间提前了两周。我们之所以能够提前完成，是因为在 3 个月之前，我与大卫·亚当斯上尉进行了一次谈话。那个时候，我们正井井有条地进行被调用的准备工作。船员们正逐渐适应我们的许多新思想和新做法，大卫恳切地希望我们在进行长达 6 个月的正式调用之前，可以给予船员一些休息时间并与家人道别。我们原定于 6 月 29 日出发前往西太平洋和阿拉伯湾。而在大卫提出休假想法的时候，我们还有很多事情需要解决，还有很多设备需要被装载，包括导弹和鱼雷，它们都需要仔细检查。我们还计划重返圣地亚哥进行第二次航母战斗群战术战略演练和对于我们调用资格的最后认证。

我非常感激武器装备部长官的建议。虽然在许多行程安排的工作簿上，所有潜艇的记录都会显示在正式调用两周之前有一个短暂的"休假"，但是此工作簿充其量只是记录应该发生事情的"会计凭证"，以便相关工作人员说起潜艇人员"休假"的时候，有据可依。实际上，那一段"休假"时间被繁忙的工作训练所占用，没人有时间"休假"。

然而，由于在思想上我们以终为始，我们应该为船员们的"休假"事宜进行协商，即使只能争取其中的一小部分。为了跟进和实现大卫的目标，我们召集潜艇上的部门长官和军士长，共同查看行程计划安排。

最后达成共识，如果我们希望在正式调用之前为船员们争取两周的"休假"，唯一的办法是我们提前两周完成潜艇的所有准备工作。这是困难的，因为如果外部机构——武器装载机构和珍珠港海军造船厂知道他们实际上还有两周时间去完成潜艇准备工作的话，他们会将准备工作进度延缓并占用"额外"时间。

就潜艇内部而言，各部门必须在6月8日完成各方面的准备工作，比计划调用时间提前了整整3个星期。就我个人而言，我还是会认可未能在6月8日完成的一些特定工作。这将会是一个遥不可及的计划，很多人都会以"不可能"的论调对此进行抱怨。在这样一个背景下，我们讨论了完成计划所能获得的目标：在长达6个月的正式调用之前，船员们可以利用休假时间陪伴自己的家人。我要做的工作是通知外部机构——主要是第七中队和潜艇维修机构，我们已经划定了一条底线，圣塔菲号必须在 6 月 8 日完成所有准备工作。

我们将这些情况告知船员并开始思考如何在 6 月 8 日之前完成潜艇的各项准备任务。

4 月末，距离正式调用还有大约 6 周的时间，马克·肯尼准将召见我。国家需要我们提前 11 天被调用，也就是 6 月 18 日。我们从容不迫地接受了国家的提前调用。我们的从容不迫，源于我们已经在执行提前 3 周完成潜艇各项准备任务的计划，并证明这是可能完成的。不幸的是，与我们期望的假期时长不同，我们在正式调用之前陪伴家人的时间缩短了。我们将有一个短暂休假。国家需要我们，我们即将出发。

机制：着眼于长远目标

我们已经开启了一个新的尝试。现在，我想要以新尝试的成功为基础，继续发展和优化机制建设。我决定每天与一位潜艇的重要长官（在副指挥官、舰上总值日官、武器装备部部长、航行部部长、工程部部长和后勤保障部部长中轮流）进行一小时的指导会议。指导会议的原则是我们只谈长远事务，主要是人的议题。所有关于阀门泄露和电路插件故障的问题只能在指导会议之外讨论。

会议讨论的初期，为了更好地聚焦长远计划安排，我们采用了有效的会议技巧。我要求所有长官写下他们在退伍之前希望获得的奖章荣誉。因为这些长官的任职时长为3年，这样一个特定训练可以让他们有机会考虑更远的将来。如果某人对于考虑过远的将来有困难，我会退而求其次，让他对于明年的工作期望进行考虑评估。虽然比尔·格林少校将在几个月之后调离圣塔菲号，但是汤姆·斯坦利少校、大卫·亚当斯上尉及里克·潘里里欧少校还有两年的任职时间。我希望这是一个严肃认真的训练。我不希望他们立即给我答复。我将这个训练作为长官们的家庭作业，让他们在两次指导会议间隔的那个星期完成。然后我们在开会的时候共同探讨这些长远计划。

当我们看到大卫关于退伍之前的奖章荣誉计划时，我发现他有一些很好的建议。让我感到惊讶的是，起初，我是以导师和学生的关系开启这样一个指导会议的，我并没有意识到这样的等级制度与"领导者—领导者"模式是不兼容的。我与他们之间互相学习，正所谓"三人行，必有我师焉"。所以，我们正在实行的是"导师—导师"模式。

大卫与我讨论了他的每一个目标，并将它们变得尽量明确和可测量。为了完成这些目标，大卫制订了为期两年的具体行动计划。这两年间，他也将获得两份称职报告。我们将同样的方法运用到称职报告里，将里面的目标变得可测量，并用适宜的方式去搜集相关数据。

两年后，当大卫离开圣塔菲号时，他的部门几乎完成了其具体行动计划中的一切。实际嘉奖令中的内容听上去就像我们之前定下的蓝图。

我们常常会从获得某个资质等级开始写起，比如"获得指挥官资格"或为团队制定一些笼统的目标，比如"我的部门能够更好地遵守工作流程"。这些目标太模糊且很难做到量化，我们必须以可测量的方式将它们写出来。我们可以通过询问和回答一些问题来获得明确而具体的目标，比如：

"你如何知道工作流程的遵守情况有所提高？"

"我们的事故批评在减少。"

"那究竟减少了多少呢？你去年有多少次事故批评？"

"不知道，没有统计过。"

通过这种方式，我们获得了可核查的统计方式。在类似的谈话过程中，我们常常了解到我们并没有持续追踪相关的数据，而我们必须立刻开始这么做。

经过深思熟虑构造出来的海军绩效体系使得级别越高，人数越少。由于我们有三个部门领导和一个副指挥官，他们的官阶是海军上尉或少校，所以为了更高的官阶，他们会互相竞争。因此，很难让所有这些长官都获得提拔，因为只有一个人能获得上级的举荐。我们能够让所有人获得提拔且在更大的群体中也获得巨大的成功，比如对海军上士的评估。

通常情况下，军官晋升审选委员会的绩效评估报告中充斥着"工作流程遵守比率显著提高"之类的评语。从本质上看，这些模糊的评语是没有实际意义的。而圣塔菲号上的绩效评估报告则是"事故批评率减少43%、船员抽烟率减少12%、工作准点率提升31%"，等等。就"着眼于长远目标"机制而言，它除了对长官和圣塔菲号综合声誉的关注，我认为此机制具体量化了我们所取得的成就，而这一点正是我们获得高晋升率的根源所在。在我最后一年指挥圣塔菲号期间，我们有 10 名船员的资格满足了由海军上士晋升为军士长的条件。其中 9 人最终晋升为军士长，晋升率达到了惊人的 90%。一天之内，潜艇内军士长人数翻了一番（他们都被调往别的潜艇继续服役）。在我刚刚指挥圣塔菲号的时候，斯科特·狄龙还是一名中士，我很高兴看见他现在成为海军上士。使用确实的数据是证明我们获得"着眼于长远目标"的有效途径。

如何做到"着眼于长远目标"

以下是一些值得尝试的方法：

- 将本书的这一章作为阅读材料分发给组员。你也可以考虑使用史蒂芬·柯维《高效能人士的七个习惯》中的第二章"着眼于长远目标"的内容。
- 讨论"着眼于长远目标"的概念和想法。
- 和你的领导团队一起制定更长远的组织目标，可以是未来 3~5 年的目标。
- 阅读共同制定的评估报告并找出里面关于成就的表述。在每一处都试问"我们如何知晓是否取得了这些成就？"确保你有恰当的测量体系。
- 让你的员工写出他们的个人目标，可以是未来一年、两年或三年。员工的个人目标应该与组织目标形成串联；虽然个人目标不一定与组织目标完全相同，但是它们应该是恰当的个人目标。
- 与员工们进行谈话，确保他们的目标是明确且可测量的。

写出退伍之前想获得奖章荣誉的训练十分有益，因为它迫使每个长官想清楚自己究竟想获得什么，它也为建设性的对话打通了道路。在我与长官们的对话中，我阐述了对圣塔菲号未来目标的看法；为了支持高层的目标，长官们可以将我的想法放入各部门的未来目标当中。我们通过这些有益的对话反反复复详细地讨论目标和成就。"着眼于长远目标"是组织"阐明"的一个重要机制。

当你与组织里的其他人创立未来蓝图的时候，确立明确且可测量的目标是非常关键的。这些目标可以帮助每个人了解自己的雄心壮志。除此之外，作为一名导师，你要展现出对被指导者问题的真挚的兴趣。通过实际行动去支持每个人，你可以证明你确实是站在他们的立场上行事的，并且始终保持着"着眼于长远目标"的状态。

供你思考的问题

★ 你离完善你的组织还有多远？

★ 作为导师，你的定位是为指导而指导还是指导与学习兼并？

★ 你能否知道你是否获得了组织和个人的目标？

★ 你是否评估你分内的事情？

★ 你是否吩咐过一个团队写未来 3~5 年的公司目标？

★ 如果你希望有时间指导你的员工，你如何改变管理团队的时间安排表？

★ 当员工获得了他们所定下的目标（明确且可测量的），你如何奖励他们？

26
鼓励质疑

你是否正在苦寻组织的适应能力？我们意识到适应能力和战斗效能有时意味着对指令的"质疑"。

1999年9月：阿拉伯湾某处

"升起潜望镜。"

在阿拉伯湾的浅水区域，我们正准备发动对另一艘潜艇（奥林匹亚号）的攻击。奥林匹亚号扮演一艘敌方柴油船。我们的调用时长已经过半，我们将在阿拉伯湾发射首枚鱼雷。这是一次射击演练，假定目标为奥林匹亚号（有印象的读者可能记得我最初的任命是去奥林匹亚号担任指挥官）。

第七潜艇大队司令约瑟夫·克罗尔少将在圣塔菲号上观摩这次演练。克罗尔少将允许我将里克·潘里里欧调回国并陪伴即将分娩的妻子；他也批准了调用初期关于汤姆·斯坦利就任副指挥官职位的决定。通过这次演练，我希望向克罗尔少将传达一个重要信息：他之前所做的决定都是正确的。这次演练充满着压力。这将是"领导者—领导者"模式与"领导者—追随者"模式的优劣检验。我所创立的这些机制是否能获得我所期望的结果呢？

圣塔菲号各部门已经就位，并且我确信这一次不会有船员不合时宜地请求升起通信天线。到目前为止一切顺利。就像在毛伊岛盆地，阿拉伯湾的水很浅，所以我们必须位于良好的战术位置。我们不仅要展示圣塔菲号的能力，更重要的是，我们还要展示美国潜艇在浅水区域击沉敌方潜艇的能力。我们要让任何潜在的敌人知道他们在这里或任何地方都不安全。我们说到做到。

"目标、方位……标识。"里克·潘里里欧少校正在操作潜望镜并发现"敌方潜艇"。

"下降潜望镜。"

副指挥官汤姆·斯坦利少校报告我们已经有发射方案，并且大卫·亚当斯上尉建议发射。

我并没有因为暂时的问题而疲于奔命，我只是气定神闲地观察整个操作过程，从一个地方走到另一个地方，注视着射击指挥小组各成员的面部表情和行为举止。

我下令："从三号鱼雷管发射。"

一阵战栗，演练专用鱼雷进入飞行轨道。

"鱼雷逐渐变热、水平正常飞行。"武器装备部发来报告。

按照发射的官方流程，我们应该说："线导鱼雷导线切段操作完毕，鱼雷运行中。"但是我们改变了指令语言，并使其与二战时期美国潜艇人员的指令语言相匹配。这是利用我们丰富的历史的又一个例子。

我抬头看了看克罗尔上将，他看上去十分满意——这是一个好的迹象。

演练专用鱼雷显示已经击中目标。我通过一号公共扩音装置将这个值得庆祝的消息传达给全体船员。鱼雷正浮在水面上，一艘装备起重机的支援船将鱼雷从水里拖出并返回海岸进行整修。

我来到船员餐厅喝咖啡。在那儿，损坏管制行动队正在进行演练。克罗尔少将走下来并主持延长服役年限仪式。因为我们在作战区，当船员们选择延长服役年限时，他们所获得的津贴是无须缴税的。最终，在1999年，我们有36名船员选择延长服役年限，是1998年的12倍。我将获得50多万美元的延长服役年限津贴，这个奖金数额创造了纪录。"领导者—领导者"模式再次获得丰收。

1999年12月：太平洋某处

"黄色水深"潜艇扩音器报告。

我正拿着手电筒在潜艇上巡查。听见报告后，我马上冲向控制室。当时是凌晨3点，通过谨慎定位，我们将去迎接从附近岛屿出来的海豹突击队。圣塔菲号到达预定地点需要渡过很多难关，现在我们濒临搞砸的边缘。"黄色水深"意味着水深比我们预计的深度更浅,我们必须立即行动。

我已经担任圣塔菲号指挥官将近一年。这个时候,我们已经完成了6个月的调用期并返回。现在正在和海豹突击队进行第三阶段的演练。

第一阶段,我们在指定地点与一架直升机汇合并将飞机上的海豹突击队队员转移至潜艇,11名体格魁梧的军人带着武器装备、两艘可卷起的佐迪亚克充气船艇、两台佐迪亚克发动机和用于充气的相关设备离开直升机,进入潜艇,下到船舱内。直升机飞离汇合地点。总共花费时间不到一分钟。

海豹突击队队员登入潜艇后,进行第二阶段演练。我们在突击队派遣地点附近航行并试图找到准确派遣地点。我们留心岸边灯光的位置、附近渔船的位置,更重要的是寻找哪里没有这些干扰。我们检查航行区域的水流情况,在晚上留心不同时间段的月亮角度的变化。在找到好的下艇地点和恢复航行地点后,我们浮出水面将突击队员送往海滩。这已经是3天前的事情了。

现在到了我们来接他们的时候了,这是第三阶段。我设想自己是海豹突击队的一员:成功地完成任务,回到佐迪亚克充气船艇并在晚上向海洋驶去,希望能找到潜艇。虽然这是一次演练,但是海洋是真实的,身边的空氧气罐是真实的,黑暗的夜色也是真实的。我们在规定区域迎接这些队员,对他们至关重要。

控制室一片漆黑。我们需要保持室内的黑暗以便负责潜望镜的船员可以清楚地观察潜艇外的情况。负责预警信号接收的扬声器发出"啁啾"声。我们运用潜艇上的设备拦截别处雷达的电子脉冲,然后将电子脉冲转换成可听音。通过对可听音的辨识，我知道刚才的可听音是正常的类别，显示普通渔船和商船离我们有一段距离。不需要过度担心。

来自潜艇各部门的报告陆陆续续传到控制室：迎接海豹突击队准备就绪；其他部门发来的状态报告也确认我们准备就绪。看上去一切顺利。我经过位于控制室甲板下面的船员餐厅，这里的灯是开着的，毯子被堆成一堆以满足突击队员的需要。虽然现在是凌晨3点，但是船员依旧做好了为登上潜艇的突击队员供应热汤的准备。

船员餐厅的后面是潜艇逃生舱。这是突击队员下到潜艇的主舱口。这里是我们对所有受伤突击队员检伤分类的地方。

越过救生舱，我来到了轮机舱，虽然潜艇现在浮在水面上并处于停车状态，但是核反应操作人员做好了提供最大推进力的准备。核反应堆依然在运转，以防我们需要电力和加压蒸汽。如果有情况发生——如果有巡逻船或敌方飞机经过，我们不得不在离开突击队员和相关海域与保护潜艇之间做出抉择——我们将会选择保护潜艇。计划并选择恰当的迎接地点至关重要。

往前走，在最低一层的鱼雷室里，鱼雷被装载并准备就绪。虽然我们不希望有麻烦，但是依然做好了面对它们的准备。

供长官用餐的军官室被希尔医生布置成急诊室。他在这里救治受伤的突击队员。

事实是这样的：这些准备工作几乎不是来自我的命令。它们有条不紊地完成是因为船员里的某个人认为，"这些家伙可能会弄湿身体、他们将会很冷、他们将会很饿、他们可能会受伤，并且我应该为他们做万全准备"。我的船员并不等待命令,他们只是做需要做的事情并通知合适的人。全程都是"领导者—领导者"模式。

这个时候响起了"黄色水深"的警报。

机制:鼓励质疑的态度而不是盲目服从

我来到控制室,那里的一切出奇的安静。船员们当然知道如果我们偏离位置,我们将更难找到突击队员,他们也更难找到我们。舰桥上的舰上总值日官已经下令"1/3 航速向前。"

我看了看数字海图。一根短小的箭头显示我们的移动方向,它并没有完全指向海滩。"我们不应该往前,我们应该往后倒。"我大声说,"错了,我们应该往后倒(这就意味着应该开启倒车钟)。"

在黑暗中,我们可以辨别每个人的声音。"雪橇犬"是值班军需官。静止了一会儿,半秒之后,他真诚地说:"不,指挥官,你错了。"

这让我感到震惊。我闭上嘴巴,开始注视着控制室里的指示器读数,包括显示潜艇方向的罗盘转发器。我在思考是什么促使一个船员说出"指挥官,你错了。"

船员的话让我渐渐明白过来。船头的指向正偏离登陆地点,并且我们的潜艇现在正在退后。这才是数字海图所显示的正确信息。我记得这是值班团队提前制订的计划,将船头朝外,以防我们需要迅速离开这一区域。

小箭头往回缩并越来越偏离陆地的方向，舰上总值日官命令停车。虽然我们航行了 100 码，但是这只不过是我们进入深水区的路程。

一段时间后，我们看见了佐迪亚克充气船艇。如果船员遵循我的命令，我们会沿着错误的方向航行，我们可能会错过突击队员。

当我写这本书时，媒体铺天盖地地报道着在意大利发生的悲剧。2012 年 1 月 13 日，柯斯达康柯达号撞上吉廖岛附近的暗礁而搁浅。为了给某一位工作人员一份航海礼物，船长下达了偏离航道并让船靠近岛屿的指令。我不知道是否有任何人提醒船长，舰上总值日官？副指挥官？或者舵手？舵手一定看见了不到一英里的远处有岛屿的亮光。我真希望他们中的某些人保持着质疑的态度。"鼓励质疑的态度而不是盲目服从"是"阐明"的一种机制。

供你思考的问题

★ 你如何建立一个适应能力强（阻止错误而不是让错误蔓延）的组织？

★ 你的员工会不会遵循一个错误的指令？

★ 你想要盲目服从还是有效率？

★ 你是否建立了一种拥护质疑态度的组织文化？

27
机制汇总

你是否拥有打破常规的刚毅精神？以不一样的角度去思考领导力是大有裨益的。

2000年1月：拉海纳的锚地①，毛伊岛

在圣诞节之前完成调用任务并与家人重聚令我们感到兴奋。假期过后，为了进行水平训练，我们在夏威夷群岛进行了短暂的航行。因为我已经运用了史蒂芬·柯维博士《高效能人士的七个习惯》一书中的相关理念，所以当他提出想要登上一艘潜艇进行观摩的时候，选择圣塔菲号对他来说可谓天作之合。在潜艇上观摩期间，柯维博士询问我潜艇已完成了哪些目标，我列出了以下的成就清单。

---

① 指港口中供船舶安全停泊、避风、海关边防检查、检疫、装卸货物和进行过驳编组作业的水域。——译者注

- 我们安全航行 4 万海里。
- 在 6 个不同国家完成 9 次沿途到港停靠，船员们完美地扮演了大使的角色。
- 我们没有发生一起船员自由散漫事件。到达每个海港之前，我的很多上级领导都会提醒我要避免此类事情的发生。
- 不受修理、维护、人事和其他因素的影响，我们保持潜艇 100% 的战备状态。
- 在调用期间，我们有 19 名船员同意延长服役期限，相关津贴总额超过 50 万美元，当时创下了纪录。
- 我们获得了 22 项潜艇资格证明，船员们获得了 290 个值班岗位的资格证明，平均每个船员获得 2.4 项资格证明。
- 潜艇操作方面，我们展示了一些关键能力，包括在阿拉伯湾进行鱼雷演练、多次穿越霍尔木兹海峡、两次穿越马六甲海峡和乘载美国海豹突击队。

当然，还有一些事情我无法向他提及。在我的脑海里，最令人印象深刻的是继续服役率的提升。以下是相关数据：

圣塔菲号船员服役情况

类别	1998	1999
延长服役期限的船员人数	3	36
长官继续服役人数	0%	100%
晋升为长官的船员人数	1	3
获得晋升的船员人数	30	48
被判定失去继续服役资格的船员人数（因为违反军队条例）	8	1

(续表)

圣塔菲号船员服役情况

类别	1998	1999
潜艇获得资格认证所花费的平均星期数	45	38
被招募的通信协调员人数	1	8
合格的潜艇下潜长官（上士官阶）人数	0	2
左舷/右舷值班室	7	0
工程技术评估	平均水平以下	平均水平以上
训练计划的效能	效能不高	效能颇高
医疗保障评估	第七潜艇中队排名后六位	第七潜艇中队排名前六位
通信协调	平均水平以下	优秀
在各行动区域的战术战略效能	平均水平以下至平均水平	平均水平之上至优秀

为什么继续服役率会提升这么多？虽然原因是多重的，但是其中一个重要原因是，以前新招募船员都是通过观察军士长们的工作情况，决定自己是否要在此逗留和是否要接受这份工作。传统军士长的生活并不那么艰苦，他们在乎官阶的特权而不是所承担的责任，但是官阶与特权并无必然联系。他们不亲自负责任何事物。

伴随着"军士长亲自负责"的概念，军士长们比过去加倍努力工作。他们需要外出走动巡查，亲自负责状态变更工作，确保事情进展顺利。他们要站在指挥官面前阐述为什么某些事情没有做好，以及哪些事情应该做好。另外，他们的工作具有重大意义，他们所做出的决定——他们确实需要做决定——将会影响135名船员的生死存亡，以及价值20亿美元的潜艇战斗效能。这是船员们所选择的工作。

两名下级军官撤销了他们的辞职请求。

圣塔菲号被授予阿里伯克舰队奖章。这个奖章授予本年度战斗效能提升最快的潜艇、舰船或飞机中队。我将这个奖项归功于我们在圣塔菲号上创立的"领导者—领导者"模式。

柯维博士告诉我,圣塔菲号是下放权力最多的组织,不仅是在军界(我很高兴柯维博士能给我这样的认可,因为我们是凭借他的想法才走到现在)。除去"领导者—追随者"模式精神意象的镣铐,船员们还以新的态度对待工作:追求每一次状态变更和军事行动的卓越。在那时,虽然我们知道,我们正在创造一些新东西,但是并不知道它们究竟是什么。通过反复试验,船员们形成了一系列新的做事方式和指导原则,比"领导者—追随者"模式更有效率。我们最后明白,我们已经将"领导者—追随者"模式转变为"领导者—领导者"模式。

我随后明白了"谨慎行事"的益处。首先,它可以减少操作者的失误。再次,它是"团队协作"的一个机制。最后,它也是"阐明"的一个机制。

一年后,也就是2001年年初,我们在核反应堆操作考核中获得了有史以来的最高分,而且考核里的所有指标都名列前茅。随后,我与一位高级检查人员(上校军衔)进行交谈。他告诉我,圣塔菲号船员试图犯的错误接近潜艇部队平均水平,不同的是,"谨慎行事"阻止了错误的发生。

虽然我当时并没发觉,但是"领导者—领导者"模式的力量正开始生效。

我们也完成了其他一些突破:

- 相较于关注对工作的详细检查,我更关注对人的细致观察。
- 相较于要求更多的报告和检查点,我要求减少数量。
- 相较于掌控更多的"领导力"导致更多的"追随者",我掌控更少的领导力并让领导体系的每个官阶充满更多的领导力。

柯维博士离开后,我对于所创立的机制和如何让它们统筹协调进行了深思熟虑。让我感到惊讶的是,在很多情况下,我们正在尝试的东西与传统领导模式的精神背道而驰,以下是一些例子。

别这么做!	这么做!
领导者—追随者	领导者—领导者
抓紧掌控权	授予控制权
下命令	避免下命令
当你下命令的时候,自信、不含糊且坚决果敢	当你下命令的时候,给予一些质疑的空间
简报	请证实
召开会议	进行谈话
一个导师—学生式的指导会议	一个导师—导师式的指导会议
关注具体技术	关注人
短期考虑	长远打算
在你离职后,希望被想念	在你离职后,不希望被想念
高重复度而低质量的训练	低反复度而高质量的训练

（续表）

别这么做！	这么做！
限制交流，仅限于简洁的、扼要的和正式的指令	用丰富的、前后关联的和非官方的交流充实指令
为质疑而质疑	真正的好奇心
将无效率的流程变得有效率	清除所有无实际意义的步骤和流程
增加监督和检查点	减少监督和检查点
保护信息	传递信息

此外，我们所形成的领导框架主要由 3 部分组成：掌控、才能与阐明。到目前为止，我们只是"做些事情"，看看什么是有效的，什么是无效的。除了一个模糊的想法，我不能给出预先决定的计划，我们需要让每个人都充分发挥才智、创造力和能量。

相关机制以下面的方式有序地嵌入 3 个主要部分。

建立"领导者—领导者"模式

"领导者—领导者"模式的核心是让员工有充分的决策权决定做什么和怎么做。这意味着让他们做出有意义的决定。两个起支撑作用的支柱为"才能"和"阐明"。以下是本书所提及机制的汇总。

掌控

- 查找"掌控"的"遗传基因"并改写它。
- 用新的行为举止去开启新的思维模式。

- 简短的初期谈话可以使工作更有效。
- 使用"我计划……"的语气将被动追随者转变为主动领导者。
- 克服提供解决方案的冲动。
- 消除"自上而下"的监管体系。
- 将想法说出来（上级和下属）。
- 拥抱检查人员。

才能

- 谨慎行事。
- 虚心求教（任何地点、任何时间）。
- 不要概述，请证实。
- 不间断且前后一致地重复一个信息。
- 规定目标，而不是做法。

阐明

- 追求卓越，而不仅仅是规避错误（这已经在第 7 章介绍）。
- 建立信任并照顾你的员工。
- 用你的过往经历去激励员工。
- 将指导原则作为决策标准。
- 用即时性认可去强化期望的行为。
- 着眼于长远目标。
- 鼓励质疑的态度而不是盲目服从。

当你们采用"领导者—领导者"模式的时候，我希望本书的这些机制可以帮助你将想法用于实际工作中。

当组织想转变为"领导者—领导者"模式的时候，以下是相关行动的步骤总结。

首先，在你的公司里，确定创造卓越的切入点在哪里。可能是某些内部管理流程产生卓越，也有可能是界面流程产生卓越。通常我发现与顾客的界面和与物质世界的界面是两个不一样的界面。其次，必须搞清楚为了追求卓越，人们需要做哪些决定来处理界面的相关问题。最后，了解为了做这些决定，员工们需要具备哪些工具。这些行动步骤的顺利完成需要搜集第一手的技术资料、对于组织目标的全面了解，以及对于决定所导致的后果要有担当精神。

供你思考的问题

★ 你是否准备朝着"领导者—领导者"模式迈出第一步呢？

★ 你是否准备朝着"培养高度授权和参与的员工"的目标迈出第一步呢？

★ 你是否准备支持那些能够释放员工智能与创造力的新做法呢？

★ 你是否有毅力坚持长远思考呢？

28
释放优于授权

当你想将权力下放给员工的时候，你是否发现授权计划毫无效果？我们发现仅依靠授权是不够的。

2001年夏天：霍尔木兹海峡

圣塔菲号再一次被调用，距离柯维博士观摩圣塔菲号已过去18个月。虽然这次我们经历了与1999年一样的潜艇设施检查和调用前的战术战略检查，但是少了许多事故和插曲。迈克·贝纳克（Mike Bernacchi）少校顶替汤姆·斯坦利少校就任副指挥官。凯莱布·克尔（Caleb Kerr）上尉顶替比尔·格林少校就任航行部长官。大卫·亚当斯上尉、里克·潘里里欧少校、高级军士长安迪·沃尔舍科及军士长大卫·斯蒂尔仍然在圣塔菲号上。演练期间，贝纳克和克尔迅速掌握了圣塔菲号的办事方法。

我们再一次以潜望镜深度在霍尔木兹海峡航行,我们遇到了问题。

我们已经完成了一项行动计划并希望进行海港停靠补给,但这通常是不大可能发生的事,会带来一些不便。其实潜艇一次性的载油量足够维持90天的行动计划,我们现在远没到那个极限。

不幸的是,我们的液压油缸出现了小型泄露,而我们在海上又无法进行维修。我们将会以"温水煮青蛙"的方式用尽所有的油储备并面临提前结束行动计划的风险。到目前为止,就航行时间与所分配任务而言,我们依旧保持着100%的完成率。对于失去这一记录,我现在并不感兴趣。

霍尔木兹海峡是一个忙碌的地方。圣塔菲号以潜望镜深度缓慢行驶,我们需要持续不断地监视来自各个方向的船只。就像在马六甲海峡一样,大型游轮来来往往,川流不息。除此之外,走私者从伊朗出发,穿过这片海域,进入阿拉伯联合酋长国。当然,用于捕鱼的单桅三角帆船也无处不在。此时此刻,我们的航行追踪团队正在顺利运转着,我不太担心潜艇的安全问题。虽然我偶尔会看看潜望镜显示画面以确保我们远离交通拥挤的航线,但是我没有花过多的精力去关注我们现在具体在躲避哪艘船只。

在负责潜望镜的人员中,有一位名叫阿曼多·阿维莱斯(Armando Aviles)的少尉。阿曼多1999年毕业于美国海军军官学院并于今年2月来到圣塔菲号。他是圣塔菲号上的新兵。他对"真正海军"运行方式的了解非常热情,本人也不受拘束,这有助于提升我们的潜艇优势。

听完关于潜艇需要更多油的讨论后，阿维莱斯插话："你看，那是海军快速补给舰。为什么我们不向他们要些油呢？"我看了看潜望镜所显示的情况，确实，在数公里之外，快速补给舰雷尼尔号（USS Rainier，T–A0E7，供应级舰）正途径霍尔木兹海峡。

快速补给舰雷尼尔号的动力装置是精心设计过的，以便可以伴随航母战斗群航行。当我们从珍珠港出发时，雷尼尔号和星座号航母战斗群从圣地亚哥接受调用。雷尼尔号携带 200 万吨柴油、200 万吨喷气燃油、数吨军火弹药和补给品。我们只需要几罐油，雷尼尔号当然有。

不过还有一个问题。在航母战斗群里，所有舰船的调遣都要通过一系列的情报进行传达。其中一种情报类型叫作日常意向情报。如果你需要来自雷尼尔号的再补给，你需要发送日常意向情报。情报发出时间必须与再补给时间至少相隔 36 小时。你不可以临时召唤补给舰并请求补给。

除了这一次突发情况，我们都是按流程办事的。

雷尼尔号当然不知道我们的具体位置，因为潜艇保持隐藏状态。即使我们处于允许浮出水面的情况时，我们还是尽量保持隐藏状态。

"虽然这是一个风险大的赌注，但是为什么不试试呢？我们会失去什么吗？"我挥舞着手电筒，"去吧，小伙子们，看看你们是否能处理好。"

"我计划打破无线电静默并与雷尼尔号协调再补给的事宜。"舰上总值日官说道。

第四部分　阐明

"非常好。"

潜艇航行部长官用无线电呼叫雷尼尔号，证实我们的身份，并将外部液压用油对应的海军库存物资编号发送给雷尼尔号。他们当然会供给我们的潜艇！幸运的是，我的一个私人至交肯德尔·卡德（Kendall Card）指挥官向他的船员强调他们来这里的目标是辅助美国海军的舰船，他的指示战胜了官僚作风。我从来没听说过这样的事情。不仅如此，指挥官邀请我们将需要健康检查或牙医检查的船员运到补给船上（圣塔菲号的医疗设备有限，希尔医生并不能提供完善的医疗服务）。

雷尼尔号也有自己的固定日程表，我们不能耽误太久。如果我们不能在几分钟后浮出水面，补给船将不能停下来帮助我们。

我立即下令，船员们马上行动起来。

声呐监督员说："舰上总值日官，我计划开启拖曳线列阵声呐，为潜艇浮出水面做好准备。我亲自负责。"

非常好。

舰上总值日官说："指挥官，我计划为潜艇浮出水面做好准备。"

非常好。

潜艇警卫长说："我计划在船员餐厅召集小船勤务人员。我计划关闭用于潜水的装备设施、打开充气排水装置并开启位于船身前部底层舱口的潜艇逃生舱。我亲自负责。"

非常好。

海军看护兵希尔医生说："我计划在船员餐厅召集负责牙医检查的相关人员并开展必要的伤员运输警戒工作。"

非常好。

海军上士斯科特·狄龙说:"指挥官,我计划详细审阅外发函件并将审阅通过的函件发往雷尼尔号。"

非常好。

后勤保障部长官说:"指挥官,我计划将雷尼尔号送来的液压用油转移至潜艇。"

非常好。

为了让人员短暂停留,圣塔菲号浮出水面。与此同时,雷尼尔号派出一艘装载补给品的小船向我们驶来。他们所使用的小船叫刚性充气艇。

为了将补给品运入潜艇,我们的船员需要爬到潜艇最上面并打开主甲板舱盖。大量的各种操作需要迅速且同步发生。我们的训练成果在这里发挥了作用——我们之前做的所有尝试也开始发挥作用。我不可能寄希望于通过一步步具体指挥来推进这种综合性操作。你可称之为反应速率,或者减少潜藏于组织内部的拖延态度,或者应变性。无论你如何称呼它,船员们的优异表现使得我们可以继续执行潜艇的国防任务,而不是艰难地驶回海港进行补给。

雷尼尔号不仅送来了我们急需的油,还送来了报纸、新鲜水果及蔬菜。

刚性充气艇慢慢靠近圣塔菲号。我们向潜艇装填液压用油、报纸和新鲜水果及蔬菜。潜艇上的6名船员被送往雷尼尔号进行健康检查。我现在非常担心潜艇遭受攻击,因为我们悬浮的水域交通繁忙。因此,我们关上舱门并随时做好圣塔菲号下潜准备。如果因为突发事件导致圣塔菲号不得不下潜，上了雷尼尔号的我艇船员要在那儿滞留几天。

　　幸运的是，事情比我想象的要顺利。不一会儿，刚性充气艇载着检查完毕的我艇船员返回。船员入仓后，我们立即下潜，为随时到来的任务做好战斗准备。

机制：终极目标是全面而有序的释放，不是授权

　　授权是必须要走的一步，因为我们已习惯于剥夺权力。授权可以打破由"领导者—追随者"模式所衍生出的观念："自上而下""你吩咐，我照办"和"做一个有团队意识的员工"。但是仅授权是不够的，有以下几个原因。

　　第一，授权不能独立支撑起一个完善的领导体系。没有"才能"和"阐明"这两大支柱的辅佐，授权只是光杆司令。

　　第二，一个"自上而下"的领导体系也可以实现授权或彰显授权的相关精神。其主张的核心观念是：领导者"授权"追随者，领导者有权力和能力"授权"追随者。

　　我们有更高的追求，因为在"领导者—追随者"模式中的"授权"更像是折中补偿；与占主导地位的信号"你是一个追随者"相比，"授权"更像是话语权的丧失。在这个模式下，"授权"是一个令人疑惑的信号。

　　我们追求的是释放或解放。从本质上看，释放与授权是不一样

的。我们所说的"释放"承认每个人体内与生俱来的天赋、能量和创造力，并且我们创造条件让这些天赋显现。作为领导者，我们意识到，我们没有权力将这些天赋转嫁给其他人，或者"授权"其他人使用这些天赋，这样的做法恰恰是在阻止天赋的自然显现。当团队被给予更多的决策权和"才能"及"阐明"的相关工具时，释放就产生了。当你不再需要授权时，你就知道你已经拥有了一支释放型的团队。的确，你不再有能力去授权他们，因为你不再是他们所依赖的力量源泉。

供你思考的问题

★ 为了授权，你是否限制你的领导力？

★ 为了让"才能"与"阐明"补充"掌控"，你会采取何种计划呢？

★ 你曾经是否迫使自己放弃一个想法：作为组织领导者，我"授权"我的员工？

29
涟漪激荡

2011年1月15日：潜艇基地，珍珠港

2011年1月15日，我坐在位于夏威夷的码头上。距离我指挥圣塔菲号已过去12年。今年将会有一名新的指挥官接手圣塔菲号，他就是大卫·亚当斯上尉。在成为圣塔菲号指挥官之前，他先后在火努鲁鲁号（USS Honolulu, CL48, 布鲁克林级轻型巡洋舰）担任副指挥官；在阿富汗地区指挥一支重建部队长达一年之久。在离开圣塔菲号的长官中，他不是唯一拥有这种经历的船员。凯莱布·克尔上尉也在此后负责过重建部队的指挥工作。这些长官的任命是由海军作战部长亲自挑选的。我不认为，在上百个候选人中选出的3名重建部队的海军指挥官都来自同一艘潜艇是一个偶然现象。

多年后，我发现"领导者—领导者"模式的实行还有两个额外的成就。

第一个成就是，在我离开圣塔菲号后，潜艇依旧保持优异表

现。因为我们将卓越的办事方法植入到了潜艇操作与人事当中，所以这种卓越在我卸任之后依旧保持了下去。潜艇连续7年获得"最佳军士长团队"称号。在接下来的10年里，潜艇3次获得中队最具战斗效能奖。而在前10年里，潜艇没有一次获得过此项殊荣。

  第二个成就是，我们培养出的未来领导者的数量大幅超出概率统计。圣塔菲号的两名副指挥官被调往其他潜艇负责指挥工作，后来都晋升为指挥官，领上校军衔。圣塔菲号之前的3名部门长官晋升为副指挥官，也担负起其他潜艇的指挥工作，他们现在都晋升为指挥官，由少校军衔晋升为中校军衔；其中两位已是上校军衔了。还有一名长官调往海军工程值班军官机构，晋升为少校军阶。在圣塔菲号的普通船员中，有一些走上了领导岗位，比如潜艇警卫长，有一些获得了高级学位，还有一些下海经商。

  这是"领导者—领导者"模式的力量。只有通过这样一个模式，你才可以拥有经久不衰的优异表现和培养更多的未来领导者。

  如果"领导者—领导者"模式可以在核潜艇上起作用，那么它也一定能在更多领域发挥作用。

  我所担心的是某些领导者将本书提及的机制看作是灵丹妙药，只要照搬照抄就一定能获得像圣塔菲号一样的长足进步。我并不这么认为。离开海军后，我扮演起顾问的角色。在这期间，我发现每个组织都是独一无二的。每个组织的人员来自不同背景，对"授权"有着不同的容忍度，对"释放/解放"也有着不同的认可度。

  虽然在结构上，你所用的机制也许与本书相似，但是具体细节还是会有所区别。比如，在圣塔菲号上，我们认为要做到掌控，最重要的机制之一是改变个人假期批示权。在你的组织里，也许不是假期政策，可能是谁有权决策顾客打折比率的问题，也可能是高层不在时，员工可以直接负责的金额多少的问题。如果你询问员工需要哪些权力让工作变得更简便，那么你一定会有所收获。

整个潜艇部队都在采纳"谨慎行事"机制。这个机制在核动力培训课程中被教授以"瞄准—发射"的新名称被广泛熟知。许多指挥官将它放在心上并付诸于行动。

"我计划……"也被广泛传播。后来，我拜访了于 2010 年服役的新墨西哥号核潜艇（USS New Mexico，SSN-779，弗吉尼亚级）。当我和潜艇指挥官交谈时，值日人员向他走来并报告："指挥官，我计划……。"这艘潜艇运行良好。

虽然"不要概述，请证实"机制（我用"证实"这个词来阐述其与"概述"的区别）也在潜艇部队被广泛使用，但在很多情况下，他们只是换了个词来阐述"概述"罢了。

如果你希望获得更多关于如何让组织受益于"领导者—领导者"模式的信息，你可以登录我的网站（www.leader-leader.com）或者直接与我取得联系（david@turn-theshiparound.com）。在网站中，我列出了建立"领导者—领导者"模式的一些方法，包括我们在圣塔菲号上创立的有效自我评估的七步骤。

最后，你最需要掌控的是你自己——因为只有你获得了这种自控能力才可以"授权和培养未来领导者"。我认为抵抗"紧抓控制权"和"吸引追随者"的冲动将会是你最大的挑战，如果你做到了，则最终会让你拥有辉煌且长久的成功。

人物介绍

海军少校汤姆·斯坦利

1999—2000 年担任圣塔菲号副指挥官。随后参与洛杉矶号指挥工作，由于表现出色，组织决定由他全面主持潜艇指挥工作。2009—2011 年参与潜艇维修供应舰弗兰克·凯布尔号的指挥工作。目前领海军上校军衔。

海军少校迈克·贝纳克

2000—2002 年担任圣塔菲号副指挥官。随后参与亚历山大号的指挥工作，由于表现出色，组织决定由他全面主持潜艇指挥工作。目前，他负责位于康涅狄格州新伦敦的潜艇第四中队。

海军上尉大卫·亚当斯

1998—2001 年担任圣塔菲号武器装备部部长。随后担任阿富汗霍斯特省（Khost Province）重建部队指挥官。2010 年担任圣塔菲号指挥官。目前领海军上校军衔。

海军少校里克·潘里里欧

1998—2001年担任圣塔菲号工程部部长。2009—2012年参与斯普林菲尔德号的指挥工作。目前领海军上校军衔。

海军少校比尔·格林

1997—1999年担任圣塔菲号航行部部长。随后参加工程执勤官项目（Engineering Duty Officer Program），并成为朴次茅斯海军造船厂（Portsmouth Naval Shipyard）的负责人。

海军上尉凯莱布·克尔

2000—2004年担任圣塔菲号航行部部长。随后担任阿富汗纽里斯坦省[①]（Nuristan）重建部队指挥官。2010年参与布雷默顿号核潜艇（USS Bremerton, SSN-698）指挥工作。目前领海军中校军衔。

高级军士长安迪·沃尔舍科

先后担任圣塔菲号声呐高级工程师、夏延号（USS Cheyenne, SSN-773）潜艇警卫长。由于表现优异，他被提拔为高级军士长，并在日本横须贺潜艇基地（Submarine Base Yokosuka）担任指挥一级军士长。

---

① 靠近巴基斯坦边界地区。——译者注

大卫·斯蒂尔军士长

1996—2000 年担任圣塔菲号导弹发射控制首席工程师。之后，获得学士学位，并先后担任布雷默顿号潜艇警卫长、夏威夷珍珠港地区海军后勤保障部门（Naval Submarine Support Command）指挥一级军士长。目前领海军一级军士长军衔。

斯科特·狄龙

在圣塔菲号服役期间，他从最开始的文书小组组长陆续晋升为一级士官（海军上士）和军士长。目前，他担任潜艇部队指挥官的行政文员，领海军二级军士长军衔。

雪橇犬

在圣塔菲号服役期间，他担任潜艇航行军需官，顺利完成海军服役，光荣退役。

致 谢

非常感谢1999年至2001年间与我并肩作战的圣塔菲号全体官兵。他们放下所有成见,毅然决然地参与到这场勇敢之旅中。我取得的所有成就都离不开他们的殚精竭虑、不畏艰辛、奋力打拼。

非常感谢我的发行人克林特·格林利夫(Clint Greenleaf)。在纽约的一次邂逅,使得他对本书的出版发行充满信心。

非常感谢海军核动力推进项目创始人海曼·里科弗上将。1981年,他面试了我,我如愿成为该项目的一员。若没有此项目,我不知道自己是否有机会指挥核动力潜艇。

非常感谢我在美国海军服役时所追随过的具有感召力的领导者们:马克·佩莱斯、史蒂夫·霍华德(Steve Howard)、马克·肯尼和艾尔·科内茨尼。

非常感谢本书的审读成员:丹·吉尔克里斯特(Dan Gillcrist)、杰克·哈里森(Jack Harrison)、劳伦·科尔(Lauren Kohl)和罗布·塔尔曼(Rob Tullman)。他们在文稿润色方面做了大量实而又实、细而又细的工作，使全书清晰自然、浑然一体。

非常感谢阿瑟·雅各布森（Arthur Jacobson）。每当撰写工作出现困难，他总是毫无保留地为我提供帮助。

2000年，我有幸邀请到史蒂芬·柯维登上圣塔菲号进行观摩指导。他对我产生了深远的影响，不仅是他在《高效能人士的七个习惯》中所阐述的全新理念，还有他在我撰写本书时所给予的热情和信念坚定了我克服艰难险阻的决心。

作为原动力、批评者和良师益友，西蒙·斯涅克帮助了我探寻所学、所思和所感背后的深层次原因。谢谢你，西蒙。

我还想特别感谢我的妻子简。每当我的写作毫无思绪时，她总是鼓励我相信自己的道路，坚定地走下去。

词汇表　专业术语、俚语和部队术语

1MC：用于潜艇播报注意事项的扬声器系统。

ADCAP（Advancaed Capability）：MK-48先进战力型鱼雷，美国潜艇所配备的主要重型武器，能有效打击潜艇和海面舰船。圣塔菲号的鱼雷室内配备此种武器的数量超过20枚。

ANAV：航行部高级助理（Assistant Navigator）。潜艇航行部门的高级士官，负责筹备航行图表和确保航行安全。

AWOL：擅离职守（Absent Without Leave、Unauthorized Absence）。

BSP：人员短暂停留（Brief Stop for Personnel）。在港口做短暂停留，尽快驶离。通常情况下，此类停留的目的是转运人员和信件。幸运的话，也会转运新鲜水果和蔬菜。

BULL NUKE：核反应堆高级首席工程师。最初是由布拉德·詹森军士长担任此项职务。由于组织没有委派接替人员，布拉德离职后，此职位空缺长达数月之久，由迈克·奇科（Mike Ciko）军士长代行相关职责。

CAPTAIN：按照军阶，属于海军上校，位于中校和少将之间。按照职位，他是舰船或潜艇的指挥官。容易搞混的是，潜艇指挥官的军阶为中校，但总被称为上校，而真正领海军上校军衔的是潜艇中队指挥官。

CO：核动力潜艇的指挥官（Commanding Officer），军阶为海军中校。

COB：潜艇警卫长（Chief of the Boat），潜艇高级士官。圣塔菲号有若干位高效率的潜艇警卫长，如迈克·布鲁纳（Mike Bruner）、罗伯特·巴顿（Robert Patton）和杰夫·范布拉克姆（Jeff VanBlaracum）。

CONN：控制室凸起的地方，在潜望镜平台周围。通常情况下，舰上总值日官会站在此区域监视航行状况。

CONTROL：控制室（Control Room）。控制室位于前舱较高层的地方。这个地方能够控制潜艇航行、操作潜望镜和执行潜艇的所有控制功能。

COPY：从卫星上接收无线电信号。接收行为需要在特定时间进行，能够让潜艇保持无线电静默状态。这一活动也可以叫作"接收广播"（Downloading the Broadcast）。

CORPSMAN：接受过专业医疗培训的潜艇看护人员，军阶可以是士官，也可以是军士长。唐·希尔（Don Hill）在保证圣塔菲号船员健康方面起到了至关重要的作用，使圣塔菲号能够在任务海域航行更长时间。

COW：潜艇值星官负责潜艇前部机械系统的军士长，比如枪杆、天线、平舱、排水管和通风设备。向潜航值星官（DOOW）汇报。

CSP：美国太平洋舰队潜艇部队指挥官（Commander, Submarine Forces, Pacific, COMSUBPAC）。他统领从国际日界线（International Date Line）到美国西海岸之间广大海域的潜艇指挥工作，负责该海域所有潜艇的调用筹备工作，领海军少将军衔。若泛指太平洋舰队潜艇部队全体官兵，而非特指潜艇部队指挥官，我们则用 SUBPAC（Submarine Forces、Pacific）来表示。我指挥圣塔菲号期间，艾尔·科内茨尼少将担任太平洋舰队潜艇部队指挥官，对我的改革首创提供了巨大的支持和鼓励。

DEPLOYMENT：驶离母港，进行为期 6 个月的潜航任务。太平洋海域的潜艇被派往西太平洋、印度洋和阿拉伯湾（波斯湾）。在我的任期内，圣塔菲号两次被派往阿拉伯湾：一次是 1999 年，另一次是 2001 年。在"持久自由行动"[①]（Operation Enduring Freedom）期间，某些潜航任务持续时间超过 9 个月。

DIM：日常意向情报（Daily Intentions Message）。日常向航母战斗群发送的情报消息，用于掌控和调度所有舰船的移动轨迹。

DOC：请参见 CORPSMAN。

DOOW：潜航值星官，负责达到和维持指定深度。

[①] "9·11"事件后，美国及其联军对基地组织和对它进行庇护的阿富汗塔利班政权所采取的军事行动。原名为"雄鹰行动"（Operation Noble Eagle），后改为"无限正义行动"（Operation Infinite Justice），最终确定为"持久自由行动"。这既说明这场战争的持久性，同时表明美国对"西方自由世界"的捍卫。——译者注

DOWNLOAD：请参考 COPY。

EAB：应急空气呼吸装置（Emergency Air Breathing Device）。一个连接空气软管的面具，空气软管连接潜艇压缩空气系统。烟雾或污染物导致潜艇内部无法呼吸时，船员们会使用此项装置。

ENG OR CHENG：工程师或首席工程师。负责工程部和核反应堆的运行。在我的任期内，工程师里克·潘里里欧为圣塔菲号的正常运行打下了坚实基础。

EP：提前晋升（Early Promote），称职报告（Fitness Report）中的最高评价。团队中只有不到两成的成员能获得此类评价。

EPM：电力推进装置（Electric Propulsion Motor）。当由蒸汽驱动的主推进装置失灵时，潜艇将会使用电力推进装置。此装置只能低速推进潜艇运行。

ESL：设备状况日志（Equipment Status Log）。需要维修或校准的老旧设备清单。设备状况日志是一个大数据库，一般囊括数千种设备。

ET：电力技术人员（Electronics Technician），主要负责潜艇的电力和线路维修。他可以具体负责无线电、潜航军需官或核反应堆技术人员。

FCS：发射控制系统（Fire Control System），用于编程和控制导弹和鱼雷的发射。

FFV：补给新鲜水果和蔬菜（Fresh Fruits and Vegetables）。

FITREP：称职报告（Fitness Report），年终评价报告。

FT：发射控制技术人员（Fire Control Technician）。

INSURV：由海军监察部（Board of Inspection and Survey）工作人员组成的潜艇材料检查团队。他们的报告具有很重的分量，向"大海军计划"的观察者们展现美国的潜艇力量。

KHAKIS："卡其制服"，对全体长官的昵称，因为他们穿着同样的卡其制服。

MANEUVERING：位于轮机舱（Engine Room）内的操控室，负责反应堆和推进装置的运转。潜航期间，操控室有四名值班人员，其中有一名长官和三名核反应堆技术人员。

MESSAGE BOARDS：信息留言板，用于搜集和记录潜艇无线电接受的情报。现在都是通过电子邮件的形式完成此项任务。

NAV OR NAV/OPS：潜艇航行部部长，三个需要接受核反应堆专业培训的职位之一，其余两个职位为武器装备部部长和工程部部长。圣塔菲号拥有两任高效的航行部部长：负责1999年潜艇调用任务的比尔·格林和负责2001年潜艇调用任务的凯莱布·克尔。

NAVSUPE：航行监察员（Navigation Supervisor），通常为高级或下级军官，监督军需官的日常工作。当航行图表因特殊原因需要进行精密确认时，他也会参与。

NJP：不经军事审判之惩罚（Nonjudicial Punishment）。允许舰长在不经过军事法庭审判的情况下直接下达处罚决定，又叫"指挥官裁决"。

NUKES：核反应堆技术人员。负责潜艇推进装置的运行，人员占比超过1/3。

OOD：舰上总值日官。负责下达潜艇航行命令，掌管潜望团队。他是指挥官的值班代理人。

ORSE：核反应堆运行安全措施检查（Operational Reactor Safeguards Examination）。对于所有潜艇人员来说，这是一项严峻的考验。这是一项全面的航行评估，考察运行和维持核潜艇推进装置所涉及的诸多能力。

PACE：海上大学教育计划（Program for Afloat College Education）。海军为被调用期间的船员提供的大学课程选修计划。

PCO：预备指挥官培训班指导老师（Prospective Commanding Officer）。负责培训被委派的潜艇指挥官。

PD：潜望镜深度（Periscope Depth）。对于潜望镜来说，这是一个恰到好处的深处，既可以使潜望镜和桅杆稍稍伸出水面，又能保持潜艇艇身继续处于水下，以此规避反侦察。

PNA：通过考试，未录取（Passed, not advanced）。

POD：每日计划表（Plan of the Day）。每日计划和行政通知。

POMCERT：调用资格认证（Certification for Deployment）。只有获得调用资格认证，潜艇才能驶离母港，进行打击潜在敌对势力的海外行动。获得调用资格认证意味着潜艇已做好了迎接战争的各方面准备——训练、人员配备、潜航设备和武器。

PORT/STARBOARD：左舷/右舷。如果只有两个人值班，也可称为"潜望台"。这就意味着每次值班时长为6小时，6小时值班、6小时休息。但这是一个缺少睡眠的岗位。

PRT：海外重建团队（Provincial Reconstruction Team）。这是一个军民共建团队，负责协调阿富汗某特定地区的经济发展、部落关系和政府治理。

QMOW：值班舵手（Quartermaster of the Watch），确保潜艇按预定方向潜航。由指挥官亲自任命，工作地点为控制室。这是一份指挥官持续监督、压力巨大的工作。

RHIB：刚性充气艇（Rigid Hull Inflatable Boat）。2011年，雷尼尔号正是用这种小型充气艇为位于霍尔木兹海峡的圣塔菲号运送补给的。

SCOPE：潜望镜。圣塔菲号有两个潜望镜，一个是"攻击型"潜望镜，其横截面相对狭窄，未配备其他电子辅助设备，另一个是"型号18"（Type 18）潜望镜，其横截面更宽阔，配备全套电子辅助设备。

SCUTTLEBUTT：流言蜚语。这其实是潜艇的一个茶水房，船员们聚集在一起，分享实实虚虚、真真假假的故事（八卦）。

SSBN：弹道导弹战略核潜艇（Nuclear-powered Ballistic Missile Submarine）的海军代号。威尔·罗杰斯号属于此类。

SSM：潜艇系统手册（Ship System Manual），详细记载潜艇前部运行的规范步骤。

SSN：攻击型核动力潜艇（Nuclear-powered Attack Submarine）的海军代号。圣塔菲号属于此类。

SSORM：《标准潜艇组织与管理守则》（Standard Submarine Organization and Regulations Manual）。该守则详细说明了潜艇组织结构和重要行政流程。

STAND-DOWN：潜艇修整期。这一时期，潜艇的工作强度减到最低，不会安排训练和维修计划。大部分船员隔一天上一次班。通常在结束调用人物之前会迎来修整期。

STRAIT OF HORMUZ：霍尔木兹海峡。位于阿拉伯湾和印度洋之间的海峡。世界上40%的油轮从这里经过。海峡流经伊朗北部、阿曼，以及阿拉伯联合酋长国南部。

STRAIT OF MALACCA：马六甲海峡。印度洋和南太平洋之间的一条长达500英里的海峡，流经印度尼西亚南部、马来西亚，以及新加坡北部。由于水深过浅，潜艇无法在马六甲海峡潜行。世界上1/4的货物往来于此地。

SUBPAC：请参见COMSUBPAC、CSP。

SUPPO：后勤保障部长。潜艇上唯一未接受核反应堆专门培训的长官，掌管后勤保障部。圣达菲号有两任才华横溢的后勤保障部部长：约翰·巴克利（John Buckley）和川科·邓菲（Chunk Dunphy）。有时，我们亲切地称他们为"猪排"（Pork Chop），因为他们的胸针看起来像猪排。

TLAM：战斧对地攻击导弹（Tomahawk Land-attack Missle），这是我们用来攻击地面目标的主要战略武器。在圣塔菲号上，位于舰首的垂直发射管中有12枚战斧对地攻击导弹，位于鱼雷室的4根鱼雷发射管也可用来发射额外数量的此类导弹。TLAM精准度极高，打击范围为1 000英里。

TRE：战术准备评估（Tactical Readiness Evaluation），一次全面潜航检测，考察潜艇执行战时任务的能力，比如，一艘潜艇扮演敌方目标，被考察对象发射训练专用鱼雷。

UA：擅离职守（Unauthorized Absence），也可称为AWOL。

VLS：垂直发射系统（Vertical Launch System）。12根垂直导弹发射管安放在潜艇的舰首。与老版688级潜艇相比，这是加强版688级潜艇的其中一个不同点。

WARDROOM：供长官们用餐的军官室。也可以作为培训室、军事行动研讨室、会议室和电影放映室。如果有需要，甚至可以是手术室。

WEPS：武器装备部部长（Weapons Officer），3个需要接受核反应堆专业培训的职位之一，其余两个职位为工程部部长和航行部部长。大卫·亚当斯以武器装备部部长的身份同时参与了1999和2001年的两次调用，出色完成任务。2011年，他成为圣塔菲号的指挥官。

XO：副指挥官，核潜艇中职位排行第二的高级军官，领海军少校军衔。指挥官丧失指挥能力时，副指挥官可以代行其职。1999年潜艇调用期间，汤姆·斯坦利担任副指挥官；2001年潜艇调用期间，迈克·贝纳克担任副指挥官。

参考文献

1. John M.Gibbons, "I Can't Get No…Job Satisfaction, That Is" (2009 Job Satisfaction Survey), The Conference Board, January 2010, http://www.conference-board.org/publications/publicationdetail.cfm?publicationid=1727 (accessed April 3, 2012).

2. Mercer, "Inside Employees' Minds: Navigating the New Rules of Engagement," June 2011, http://inside-employees-mind.mercer.com/referencecontent.htm.idContent=1419320 (accessed November 17, 2011).

3. "Employee Engagement: A Leading Indicator of Financial Performance," http://www.gallup.com/consulting/52/EmployeeEngagement.aspx (accessed July 12, 2010).

4. Skip Weisman, "Why 44% of Today's Leaders Are Unhappy with Their Employees' Performance," October 31, 2011, http://www.managementexchange.com/story/why-44-today%E2%80%99s-

leadersare-unhappy-their-employees%E2%80%99-performance (accessed November 17, 2011). Reporting the results of a survey.

5. Department of Leadership and Law, U.S. Naval Academy, Karel Montor and Major Anthony J. Ciotti, USMC, eds., Fundamentals of Naval Leadership (Annapolis, MD: Naval Institute Press, 1984), p.1.

6. United States Navy Regulations, with change 1, chapter 8 (Washington, DC: Department of the Navy, 1990), http://purl.access.gpo.gov/GPO/LPS52787.

7. Theodore Roscoe, United States Submarine Operations in World War Two (Annapolis, MD: Naval Institute Press, 1988), p.273.

8. U.S. Energy Information Administration, Independent Statistics & Analysis, "World Oil Transit Chokepoints," December 30, 2011, http://www.eia.gov/emeu/cabs/World_ Oil_Transit_Chokepoints/Malacca.html (accessed February 11, 2011).